绝美自然风景

刘晓丽 ◎ 编著

秀丽的湖泊

北方妇女儿童出版社

·长春·

图书在版编目(CIP)数据

秀丽的湖泊 / 刘晓丽编著. 一长春 ： 北方妇女
儿童出版社，2017.1（2022.8重印）
（绝美自然风景）
ISBN 978-7-5585-0824-0

Ⅰ．①秀… Ⅱ．①刘… Ⅲ．①湖泊－介绍－中
国 Ⅳ．①K928.43

中国版本图书馆CIP数据核字(2017)第009931号

秀丽的湖泊

XIULI DE HUPO

出 版 人	师晓晖	
责任编辑	吴　桐	
开　　本	700mm×1000mm　1/16	
印　　张	6	
字　　数	85千字	
版　　次	2017年1月第1版	
印　　次	2022年8月第3次印刷	
印　　刷	永清县晔盛亚胶印有限公司	
出　　版	北方妇女儿童出版社	
发　　行	北方妇女儿童出版社	
地　　址	长春市福祉大路5788号	
电　　话	总编办：0431-81629600	

定　　价　36.00元

习近平总书记说："提高国家文化软实力，要努力展示中华文化独特魅力。在5000多年文明发展进程中，中华民族创造了博大精深的灿烂文化，要使中华民族最基本的文化基因与当代文化相适应、与现代社会相协调，以人们喜闻乐见、具有广泛参与性的方式推广开来，把跨越时空、超越国度、富有永恒魅力、具有当代价值的文化精神弘扬起来，把继承传统优秀文化又弘扬时代精神、立足本国又面向世界的当代中国文化创新成果传播出去。"

为此，党和政府十分重视优秀的先进的文化建设，特别是随着经济的腾飞，提出了中华文化伟大复兴的号召。当然，要实现中华文化伟大复兴，首先要站在传统文化前沿，薪火相传，一脉相承，弘扬和发展5000多年来优秀的、光明的、先进的、科学的、文明的和自豪的文化，融合古今中外一切文化精华，构建具有中国特色的现代民族文化，向世界和未来展示中华民族具有独特魅力的文化风采。

中华文化就是中华民族及其祖先所创造的、为中华民族世世代代所继承发展的、具有鲜明民族特色而内涵博大精深的优良传统文化，历史十分悠久，流传非常广泛，在世界上拥有巨大的影响力，是世界上唯一绵延不绝而从没中断的古老文化，并始终充满了生机与活力。

浩浩历史长河，熊熊文明薪火，中华文化源远流长，滚滚黄河、滔滔长江是最直接的源头，这两大文化浪涛经过千百年冲刷洗礼和不断交流、融合以及沉淀，最终形成了求同存异、兼收并蓄的辉煌灿烂的中华文明。

中华文化曾是东方文化的摇篮，也是推动整个世界始终发展的动力。早在500年前，中华文化催生了欧洲文艺复兴运动和地理大发现。在200年前，中华文化推动了欧洲启蒙运动和现代思想。中国四大发明先后传到西方，对于促进西方工业社会形成和发展曾起到了重要作用。中国文化最具博大性和包容性，所以世界各国都已经掀起中国文化热。

中华文化的力量，已经深深熔铸到我们的生命力、创造力和凝聚力中，是我们民族的基因。中华民族的精神，也已深深根植于绵延数千年的优秀文化传统之中，是我们的精神家园。但是，当我们为中华文化而自豪时，也要正视其在近代衰微的历史。相对于5000年的灿烂文化来说，这仅仅是短暂的低潮，是喷薄前的力量积聚。

中国文化博大精深，是中华各族人民5000多年来创造、传承下来的物质文明和精神文明的总和，其内容包罗万象，浩若星汉，具有很强的文化纵深感，蕴含丰富的宝藏。传承和弘扬优秀民族文化传统，保护民族文化遗产，已经受到社会各界重视。这不但对中华民族复兴大业具有深远意义，而且对人类文化多样性保护也是重要贡献。

特别是我国经过伟大的改革开放，已经开始崛起与复兴。但文化是立国之根，大国崛起最终体现在文化的繁荣发展上。特别是当今我国走大国和平崛起之路的过程，必然也是我国文化实现伟大复兴的过程。随着中国文化的软实力增强，能够有力加快我们融入世界的步伐，推动我们为人类进步做出更大贡献。

为此，在有关部门和专家指导下，我们搜集、整理了大量古今资料和最新研究成果，特别编撰了本套图书。主要包括传统建筑艺术、千秋圣殿奇观、历来古景风采、古老历史遗产、昔日瑰宝工艺、绝美自然风景、丰富民俗文化、美好生活品质、国粹书画魅力、浩瀚经典宝库等，充分显示了中华民族厚重的文化底蕴和强大的民族凝聚力，具有极强的系统性、广博性和规模性。

本套图书全景展现，包罗万象；故事讲述，语言通俗；图文并茂，形象直观；古风古雅，格调温馨，具有很强的可读性、欣赏性和知识性，能够让广大读者全面触摸和感受中国文化的内涵与魅力，增强民族自尊心和文化自豪感，并能很好地继承和弘扬中国文化，创造未来中国特色的先进民族文化，引领中华民族走向伟大复兴，在未来世界的舞台上，在中华复兴的绚丽之梦里，展现出龙飞凤舞的独特魅力。

阴柔之美——湖泊底蕴

水韵精华——溪泉灵性

九天飞流——瀑布神韵

湖泊底蕴

我国是一个湖泊众多的国家。湖泊之美，早已被古人所感受。特别是由湖泊而产生的诗词歌赋、亭台楼榭、逸事传说等，千百年来的融合与积淀成就了我国独特的湖泊文化，与山岳、江河文化一起构成了山水文化的主体。

湖泊与日月相辉映、与山石相配合所形成的和谐之美，给大自然增添了无限风采，它具有清奇淡逸、灵秀幽深的品性，更有一种纯洁、安宁、柔静的温情，是一种达到极致的阴柔之美。

人间天堂——杭州西湖

　　相传在很久以前，天河两岸各住着一位仙子，东边的叫玉龙，西边的叫金凤。他们十分要好，天天在一起玩耍。

　　有一天早晨，他们起了个大早。玉龙钻进河里，金凤飞向天空，游呀游，飞呀飞，不知不觉来到了一个仙岛上。"玉龙，玉龙！"金凤忽然叫起来，"你看这块石头多漂亮呀！"

■ 杭州西湖美景

■ 微波荡漾的西湖

　　玉龙一看，果真是块光亮夺目的石头。他高兴地说："金凤，我们发现仙石了，要是能把它磨成一颗圆宝珠，它肯定会变得更加光彩照人。那时，它就会成为天地间最宝贵的宝物了！"

　　于是，玉龙、金凤立即把仙石打磨成了一颗滚圆的珠子。他们又找来天河里的水，把它洗得更亮了，使它变成了天地间最美的东西。

　　这件事被王母娘娘知道了，于是就派了一个心腹，在一天夜里偷走了那颗宝珠。

　　有一天，王母娘娘做寿，席间，她把宝珠拿出来给众仙开眼界，众仙无不称奇。

　　玉龙、金凤这天没有参加宴会。正在仙岛上对坐流泪的他们，忽然发现天空中有一道亮光直射过来，他们觉得那道光与宝珠放出的光芒像极了。于是，他们就顺着光芒来到仙宫，发现宝珠竟然在王母娘娘手中。

　　玉龙、金凤气极了，冲上去要抢夺宝珠。王母娘

王母 传说中的女神，亦称为金母、瑶池金母、瑶池圣母、西王母。她原是掌管灾疫和刑罚的大神，后在流传过程中逐渐女性化与温和化，而成为慈祥的女神。相传王母住在昆仑仙岛，王母的瑶池蟠桃园里种有蟠桃，食之可长生不老。

秀丽的湖泊

■ 西湖上的凉亭

张岱 （1597年－？年），又名维城，字宗子，晚号六休居士。明末清初文学家、史学家，其最擅长散文，著有《琅嬛文集》《陶庵梦忆》《西湖梦寻》《三不朽图赞》《夜航船》等文学名著。

娘哪肯放手，拼命去护。这一来，宝珠竟骨碌碌掉向了人间。玉龙、金凤急忙去追，可惜晚了，宝珠已触地了，霎时间，它变成了晶莹碧透的湖水。

玉龙、金凤舍不得离开这宝珠变成的湖水，就变成了湖岸边的两座山峰，一座叫玉龙山，一座叫凤凰山，日夜守护着嵌在大地上的明珠，这个湖就是西湖。

其实，西湖最早是一个潟湖。根据有关史书记载，远在秦朝时期，西湖还是一个和钱塘江相连的海湾，是钱塘江的一部分。

耸峙在西湖南北的吴山和宝石山，是当时环抱着这个小海湾的两个岬角。后来由于潮汐的冲击，泥沙在两个岬角淤积了起来，逐渐变成了沙洲。

此后日积月累，沙洲不断向东、南、北3个方向扩展，便把吴山和宝石山的沙洲连在了一起，形成了一片冲积平原，把海湾和钱塘江分隔开来，原来的海湾变成了一个内湖，西湖由此就诞生了。

后来明末清初文学家张岱在《西湖梦寻》记载：

> 大石佛寺，考旧史，秦始皇东游入海，缆舟于此石上。

此处所说的大石佛寺，就位于西湖北侧的宝石山下，这里曾有"秦始皇缆舟石"之景呢！

据东汉著名史学家班固所著《汉书》卷二十八《地理志》记载：

> 武林山，武林水所到之处出。东入海，行八百三十里。

因此认为，武林山就是后来的灵隐、天竺一带的群山总称，发源于这一带的南涧、北涧等山涧汇合为

■ 杭州西湖全景

■ 西湖断桥

秀丽的湖泊

金沙涧，东流注入西湖，便是西湖最大的天然水源。

北魏时期著名地理学家郦道元所著的《水经注》中记载：

> 县南江侧，有明圣湖，父老传言，湖有金牛，古见之，神化不测，湖取名焉。

在此时便衍生出了西湖较早的另外两个古称，那就是明圣湖和金牛湖。

大约在东汉时，有一名叫华信的地方官，在西湖以东地带修筑塘堤以抵挡钱塘江的咸潮，因而得名钱塘湖，这是唐代以前西湖通用的名称。

西湖还有许多别名，如龙川、钱源、石函湖、放生池、上湖、高士湖、贤者湖、明月湖、美人湖等。

每个别名，各有来历：石函湖是因唐代大诗人白居易筑石函以蓄泄湖水而来；上湖是相对于其北地势较低的下湖而得名；放生池是由于北宋杭州郡守王钦

郦道元（466年～527年），字善长，北朝北魏地理学家、散文家。他走过大江南北，搜集风土民情、历史故事、神话传说等，撰写了一部内容优美、丰富多彩的地理著作《水经注》。他被称为我国游记文学的开创者，对后世游记散文的发展影响颇大。

若奏请以西湖为放生池而得名；贤者湖系南宋文人楼钥以西湖有贤者之风而称。

西湖拥有这么多芳名雅号，展示了她悠久的历史、秀丽的风貌、丰富的文化意蕴和迷人的魅力。

自从610年隋朝开凿江南运河开始，西湖与北运河相接，沟通海河、黄河、淮河、长江和钱塘江五大水系，构成了杭州的便捷交通，促进了经济发展，杭州开始兴盛起来。

到了唐代，西湖面积约有10.8平方千米，比后来湖面面积大近一倍，湖的西部、南部都深至西山脚下，东北面延伸到武林门一带。

此时的香客可泛舟至山脚下，再步行上山。由于当时未修水利，遇到大雨天气，湖水就四处泛滥，如果久旱不雨，西湖又干涸见底。

781年，唐代翰林学士李泌调任杭州刺史。为解决饮用水的问题，他创造性地采用引水入城的方法。

李泌（722年～789年），字长源，唐代杰出的政治家、思想家、军事家。他于天宝年间，自嵩山上书议论施政方略，深得玄宗赏识，让他做翰林。代宗即位，召为翰林学士，但屡被排斥，出为外官。

■ 西湖景观

■ 西湖美景

就是在人口稠密的钱塘门、涌金门一带开凿六井，采用埋设瓦管、竹筒等方法，将西湖水引入城内。

后来李泌开通的六井大都湮没，仅存相国井遗址。其余五井是：西井、方井、金牛井、白龟井、小方井。

822年，年过半百的白居易来到美丽的杭州任刺史，官场失意的他在看到西湖山水时，精神为之一振。到杭州的当天，他就迫不及待地写了《杭州刺史谢上表》，从此开始了伟大诗人与美丽山水的千古绝恋。

白居易在杭州的政绩多不胜数，其中最突出的是疏通开凿六井，其次便是整治西湖，筑建湖堤。

824年，白居易任期3年届满，离开时，他在西湖留下一湖清水、一道芳堤、六井清泉和200多首诗。

白居易诗文中每每提及钱塘湖，如诗歌《答客问杭州》中写道：

为我踟蹰停酒盏，与君约略说杭州。

山名天竺堆青黛，湖号钱唐泻绿油。

大屋檐多装雁齿，小航船亦画龙头。
所嗟水路无三百，官系何因得再游?

张祜（792年～853年)，字承吉。唐代诗人，出身望族，家世显赫，被人称作张公子，有"海内名士"之誉。张祜的一生，在诗歌创作上取得了卓越成就。他的为人和他的著作一样，性情孤傲，狂妄清高。

　　白居易离开西湖时，当地老百姓扶老携幼，倾城为他送行。依依惜别时，白居易回赠了一首诗。 送别白居易，西湖历经了几百年的兴衰变更。

　　唐代著名诗人张祜，也有首题为《早春钱塘湖晚眺》的诗：

落日下杯坂，抚襟睇前踪。
轻澌流巨浦，残雪明高峰。
仰视天宇旷，俯登云树重。
聊当问真界，昨夜西峦钟。

阴柔之美

湖泊底蕴

当时的钱塘县城在隋以后从位处西湖之西迁建到

■ 西湖美景

西湖晚景

了西湖之东，也就是原来在城东的钱塘湖，这样便位于城西了。湖居城西，从此故名"西湖"了。

在唐代，"西湖"这个称呼就已经被频繁使用了，同样是白居易的诗文，就经常用"西湖"一词，如其诗作《西湖晚归回望孤山寺赠诸客》写道：

> 柳湖松岛莲花寺，晚动归桡出道场。
> 卢橘子低山雨重，栟榈叶战水风凉。
> 烟波澹荡摇空碧，楼殿参差倚夕阳。
> 到岸请君回首望，蓬莱宫在海中央。

白居易还有诗作《西湖留别》：

> 征途行色惨风烟，祖帐离声咽管弦。
> 翠黛不须留五马，皇恩只许住三年。
> 绿藤阴下铺歌席，红藕花中泊妓船。
> 处处回头尽堪恋，就中难别是湖边。

到了吴越国和南宋时期，西湖的全面开发和基本定型正是在此两朝。在五代十国时期，吴越国以杭州为都城，促进与沿海各地的交通，并与日本、朝鲜等国通商贸易。

同时，由于吴越国历代国王崇信佛教，在西湖周围兴建大量寺庙、宝塔、经幢和石窟，扩建灵隐寺，创建昭庆寺、净慈寺、理安寺、六通寺和韬光庵等，建造保俶塔、六和塔、雷峰塔和白塔等，一时有"佛国"之称。

灵隐、天竺等寺院和钱塘江观潮是当时的游览胜地。由于西湖的地质原因，淤泥堆积速度快，西湖疏浚成了日常维护工作，因此吴越国王钱镠于927年，用了上千士兵专门开发建设西湖，对西湖进行了整修，确保了西湖水体的良好。

净慈寺 是杭州西湖历史上四大古刹之一。曾经是吴越国国王为高僧永明禅师而建，原名永明禅院。后来在南宋时改称净慈寺。寺内最特别的是一口重达100多千克的铜钟，每日黄昏，悠扬的钟声在暮色苍茫的西湖上空回荡，激起人们的无限遐思，被称为"南屏晚钟"，是"西湖十景"之一。

阴柔之美

湖泊底蕴

■ 西湖湖心亭远景

■ 西湖美景

南屏山 在杭州西湖南岸，玉皇山北，九曜山东。主峰海拔101米，林木繁茂。南屏山是九曜山的分支，此山山峰耸秀，怪石玲珑，棱壁横坡，宛若屏障。因地处杭城之南，有石壁如屏障，故名南屏山。

但是，从五代至北宋后期，西湖长年没有进行治理，杂草湮塞占据了湖面的一半。1071年，西湖迎来了另一位"贵人"，那就是宋代著名文学家苏东坡，被调到杭州任太守。他在杭州期间，赈灾安民、治理河道，为老百姓做了许多好事。

1090年，苏东坡亲自为西湖请命，上书宋哲宗，写下了历史性的文件《乞开杭州西湖状》，要求朝廷拨款治理西湖。他说："杭州之有西湖，如人之有眉目，盖不可废也。"

从此之后，一场前所未有的西湖整治行动开始了。从夏至秋，苏东坡发动全城募捐，动用了20万民工，终于把西湖治理好了。多余出来的淤泥葑草，便筑就了堤坝。后来杭州人民为纪念苏东坡治理西湖的功绩，把它命名为"苏堤"。

整条堤纵跨西湖南、北两岸，堤身用疏浚西湖挖出的葑草和湖泥堆筑而成。堤体为南北走向，南起南屏山北麓，北至北山，纵贯湖面。距湖西岸大约500米，距湖东岸大约2.3千米，把湖面分为西小东大的两部分。后来堤长约2.8千米，堤宽30~40米，高出湖面0.4米。

苏堤是跨湖连通南北两岸的唯一通道，穿越了整个西湖水域，为观赏全湖景观的最佳地寺。沿堤栽植杨柳、碧桃等观赏树木以及大批花草，还有6座单孔半圆石拱桥，自北而南依次为映波、锁澜、望山、压堤、东浦、跨虹。苏东坡曾有诗云：

我来钱塘拓湖绿，大堤士女争昌丰。
六桥横绝天汉上，北山始与南屏通。

堤旁遍种花木，有垂柳、碧桃、海棠、芙蓉、紫藤等40多个品种。每当寒冬一过，春风吹拂，苏堤便犹如一位翩翩而来的报春使者，杨柳夹岸，艳桃灼灼。堤上垂柳初绿、桃花盛开之时，绿柳如

杭州西湖古桥

烟、红桃如雾，红翠间错，灿烂如锦。

苏堤最让人动心的，莫过于晨曦初露时，湖波如镜，桥影照水，鸟语啁啾，柳丝舒卷飘忽，桃花笑脸相迎。月沉西山之时，轻风徐徐吹来，无限柔情。

这时桃红柳绿，景色尤佳，游人漫步堤上，看晓雾中西湖苏醒，新柳如烟，春风骀荡，百鸟和鸣，意境动人。湖山胜景如画图般展开，多方神采，如梦如幻……因此称之为"苏堤春晓"。

在南宋时，苏堤上一度形成了湖中集市。南宋都城临安的城市风貌著作《武林旧事》中，就有清明节前后游湖盛况的记载：

苏堤一带，桃柳浓阴，红翠间错，走索、骠骑、飞钱、抛球、踢木、撒沙、吞刀、吐火、跃圈、斤斗及诸色禽虫之戏，纷然丛集。又有买卖赶集，香茶细果，酒中所

■ 杭州西湖夜景

需。而彩妆傀儡，莲船战马，饧笙和鼓，琐碎戏具，以诱悦
童曹者，在在成市。

苏堤上的6座石拱桥，如桥头所见，各领风骚：映波桥与花港相
邻，垂杨带雨，烟波摇漾；锁澜桥近看小瀛洲，远望保俶塔，近实远
虚；望山桥上西望湖匡诸山，峰峦叠嶂，如水墨山水画，且近景有丁
家山岚翠可挹，远景有双峰插云巍然入目；压堤桥居苏堤南北的黄金
分割位，旧时又是湖船东来西去的水道通行口，"苏堤春晓"御碑亭
就在桥南；东浦桥是湖上观日出的最佳点之一；在跨虹桥看雨后长空
彩虹飞架，湖山沐晖，如入仙境。

苏东坡在杭期间，筑堤一条，吟诗千首，从这时开始，西湖便展
现出了天堂的初景。可以说，西湖从这时起，才真正成为风景胜地。

苏东坡在他的名篇《饮湖上初晴后雨》中咏道：

水光潋滟晴方好，山色空蒙雨亦奇。
欲把西湖比西子，淡妆浓抹总相宜。

秀丽的湖泊

■ 西湖湖心亭美景

西施 本名施夷光，她天生丽质，与王昭君、貂蝉、杨玉环并称为我国古代四大美女，其中西施居首，她是美的化身和代名词。当时越国称臣于吴国，越王勾践谋求复国。在国难当头之际，西施忍辱负重，以身救国，成为吴王最宠爱的妃子，后助越王复国称霸。

这简直是千古绝唱！从此，西湖又有了西子湖的美名。西子就是指春秋时期越国的绝代佳人西施。比较天下数十个以西湖命名的湖泊，也唯有杭州西湖能配如此盛誉。

1127年，南宋定都临安后，杭州成为全国的政治、经济、文化中心，人口激增，经济繁荣，杭州进入了发展的鼎盛时期。

故南宋文人吴自牧在《梦粱录》中写道：

临安风俗，四时奢侈，赏玩殆无虚日。
西有湖光可爱，东有江潮堪观，皆绝景也。

杭州的游览者，每年除香客外，又增加了各国的使臣、商贾、僧侣，还有赴京赶考的学子和国内来杭贸易的商人。西湖的风景名胜开始广为人知了。

在当时，西湖泛舟游览极为兴盛，据古籍记载，

"湖中大小船只不下数百舫"，"皆精巧创造，雕栏画拱，行如平地"。

南宋诗人林升在《题临安邸》中对当时的盛况进行了生动的描绘。另外，诗人杨万里也曾作诗《晓出净慈寺送林子方》，盛赞西湖美景。诗云：

毕竟西湖六月中，风光不与四时同。
接天莲叶无穷碧，映日荷花别样红。

到了元代，西域和欧洲各国的商人、旅行家，来杭州游览的越来越多，最为闻名的有意大利旅行家马可·波罗，他在游记中称赞杭州是"世界上最美丽华贵"的"天城"。

在元代后期，继南宋"西湖十景"，又有"钱塘十景"，游览范围比宋代有所扩大。元世祖忽必烈期间，曾一度疏浚西湖，作为放生池，部分湖面又逐渐

杨万里（1127年～1206年），字廷秀，号诚斋，南宋杰出诗人。他是一位爱国志士，一生关心国家命运，留下了大量抒写爱国忧时情怀的诗篇。在我国文学史上，他与陆游、范成大、尤袤并称"南宋四家""中兴四大诗人"。他作诗2.5万多首，只有少数留传下来。

■ 西湖湖心亭石桥

秀丽的湖泊

蓊积成桑田了。但是到了元朝后期，西湖疏于治理，日渐荒芜，湖面大部分被淤为菱田荷荡了。

1426－1449年，杭州不断走向繁荣，地方官也开始关注西湖。1503年，杭州迎来了另一位贤明的太守杨孟瑛，他整整花了5年时间，才说动朝廷重新治理西湖。

1508年，杨孟瑛动用民夫约8000人，历时152天，占用田地约232公顷，恢复了西湖的旧观。所挖的淤泥，一部分用于苏堤，将其填高了2丈，拓宽了5丈3尺，并在两岸遍植杨柳，使苏堤重新恢复了"六桥烟柳"的原有景色。

另一部分淤泥，便筑了一堤，与苏堤并驾齐驱，从栖霞岭起，绕丁家山直至南山。后来杭州人们为了感激郡守对西湖山水百姓的一片厚爱，遂称之为"杨公堤"。

杨公堤位于西湖以西，堤上共有6座桥，自北向南名字分别为：环壁、流金、卧龙、隐秀、景行、浚源。杨公堤与西面的苏堤六桥前后呼应，合称为"西湖十二桥"。

杨公堤全长3400米，北起灵隐路，南至虎跑路，串联起曲院风荷、金沙港、杭州花圃、茅家埠、乌龟潭、浴鹄湾和花港观鱼等著名景点。杨公堤附近还有黄蔑楼、环湖碧舍、兰苑、景行古桥、赵公堤等23处历史文化景观。

1607年，明朝钱塘县令聂心汤在湖中的小瀛洲放生池外，从南向西筑起了环形长堤，形成了"湖中岛，岛中湖"的独特景观。

在清代，因为康熙、乾隆两位皇帝多次南巡到杭州，促进了西湖的整治和建设。康熙5次到杭州游览，并为南宋时形成的"西湖十景"题字，地方官为题字建亭立碑，使"双峰插云""平湖秋月"等景观有了固定的观赏位置。

在雍正年间，西湖面积尚有7.54平方千米，淤泥有20多公顷，经过大规模疏浚后，面积广及后来的西

聂心汤 明朝钱塘县令。1607年，他别出心裁地在西湖建造了一个放生地，用西湖的淤泥筑起了这个湖中之岛，又在岛外修了条环形堤埂，使它形成了"岛中有湖，湖中有岛"的格局，作为放生之所。

■ 杭州西湖凉亭

山路以西至洪春桥、茅家埠、乌龟潭、赤山埠一带。

1727年，浙江巡抚李卫用了大量银两，开浚西湖湖道，在金沙港、赤山埠、丁家山、茅家埠建筑石堰各一座，用以蓄泄沙水入湖。在此时，还推出了"西湖十八景"，使杭州的游览范围进一步拓展。

乾隆帝6次到杭州游览，他为"西湖十景"题诗勒石。他又题书"龙井八景"，使偏僻山区的龙井风景为游人瞩目。

乾隆年间，杭州人翟灏、翟瀚兄弟合著《湖山便览》一书，记载了西湖游览景点增加到1016处，成为杭州最早的导游书籍。

西湖除了流传下来的传统的"西湖十景"之外，元人还效仿宋代设了六桥烟柳、九里云松、灵石樵歌、孤山霁雪、北关夜市、葛岭朝暾、浙江秋涛、冷泉猿啸、两峰白云和西湖夜月的"元十景"。

清代添设了湖山春社、功德崇坊、玉带晴虹、海霞西爽、梅林归鹤、鱼沼秋蓉、莲池松舍、宝石凤亭、亭湾骑射、蕉石鸣琴、玉泉鱼跃、凤岭松涛、湖心平眺、吴山大观、天竺香市、云栖梵径、韬光观海及西溪探梅"十八景"。

后来又有西湖新十景，包括云栖竹径、满陇桂雨、虎跑梦泉、龙井问茶、九溪烟树、吴山天风、阮墩环碧、黄龙吐翠、玉皇飞云和宝石流霞，无不流露出人们对西湖的喜爱之情。

在最后，人们评选出了最新的西湖十景，主要指灵隐禅踪、六和听涛、岳墓栖霞、湖滨晴雨、钱祠表忠、万松书缘、杨堤景行、三台云水、梅坞春早、北街梦寻。

西湖，是一首诗，是一幅天然图画、一个美丽动人的故事，不论是多年居住在这里的人还是匆匆而过的旅人，无不为这天下无双的美景所倾倒。

阳春三月，莺飞草长。苏白两堤，桃柳夹岸。两边是水波潋滟，游船点点，远处是山色空蒙，青黛含翠。此时走在堤上，会让人为眼前景色所惊叹，甚至心醉神驰，怀疑是否进入了世外仙境。

而西湖的美景不仅春天独有，夏日里接天莲碧的荷花、秋夜中倒映月光的三潭、冬雪后疏影横斜的红梅，更有那烟柳笼纱中的莺啼、细雨迷蒙中的楼台，

灵隐禅踪 灵隐寺为杭州最早的古寺名刹，地处杭州西湖西的山岭之中，背依北高峰，面迎飞来峰，两峰挟峙，山地平缓，四周林青木秀，鸟鸣山幽，云飘雾浮。相传济公剃度出家的地方就在灵隐寺。

■ 西湖的耀眼明珠阮公墩

■ 西湖景观

秀丽的湖泊

　　无论何时，都让人领略到西湖不同寻常的风采。

　　西湖景观承载了"天人合一"理念，是我国传统文人墨客的"精神家园"，是历代文学、诗词、绘画和造园等艺术领域的重要题材。

　　西湖景观与我国传承后世的忠孝文化、茶禅文化等传统直接相关，与《马可·波罗游记》和我国著名文学作品《春题湖上》《山园咏梅》《望海潮》等一系列西湖作品直接相关。

　　西湖景观突出了"天人合一"的思想，是经由我国古代两位大文豪白居易和苏轼而开创，在延续上千年的西湖疏浚工程与景观设计之间的持续互动中，突出体现了人与自然高度和谐统一的理念。

　　同时，西湖还通过诗、画、景三者结合的我国题名景观设计手法，将宋代山水画的技法与构图理论运用于景观设计中，创造了以四季景物为观赏特性的东方题名景观杰作，成为我国农耕文明发达时期文人士大夫在景观设计上的创造精神的代表作。

　　西湖景观以其独创的山水景观设计手法与文化积淀丰厚的审美情趣，对后来的景观设计和造园艺术均产生过明显影响，特别是对承德避暑山庄、颐和园和圆明园的造园艺术产生过非常大的影响，所以它在世界景观设计史上具有举足轻重的地位。

西湖景观中的一系列历史文化遗存，包含了摩崖造像、佛教建筑、祠墓建筑、藏书建筑和西湖龙井茶等多种类型，见证了13世纪至14世纪两个高度发达的亚洲文明和草原文明，就是蒙元文化与农耕文明在宋代我国东部江南地区的碰撞，见证了我国历史上的佛教禅宗文化、传统忠孝文化、文人墨客的隐逸文化、藏书文化以及茶禅文化的发展过程。

西湖景观中的核心要素"西湖十景"，是我国题名景观的杰出范例，她拥有得天独厚的文化含量、极为丰富的景观元素、独特的景观格局、和谐的人与自然互动关系，呈现了诗、画、景综合艺术特征的完美统一。

形成了东方艺术传统审美情趣的"诗情画意"，是我国历史上规模最完整、内涵最丰富、影响力最大、保存着影响形成与发展历史中最清晰和确凿证据的题名景观，也是我国文化中颇具规模与代表的精神栖居地。

阅读链接

在西湖3座情人桥中，只有西泠桥的故事是真实的。那是南齐时候，钱塘才女苏小小与当朝宰相之子阮郁相识相爱，但终因世俗之见，未能成其良缘。

苏小小在此之后，太多的人情冷暖让苏小小变得更为孤傲，时常赋诗讽刺而遭到迫害，不久后，苏小小辞世，年仅18岁。

曾多年受苏小小资助的书生鲍仁衣锦还乡后，本欲报答，看到的却是苏小小已经去世。鲍仁便按照苏小小临终遗言，把她葬于西泠桥畔的孤山。鲍仁亲撰碑文：妾乘油壁车，郎骑青骢马。何处结同心？西陵松柏下。

鱼米之乡——江苏太湖

在很久很久以前有这样一个传说，说那年王母娘娘过大寿，玉皇大帝叫四大金刚送去了一份厚礼。王母娘娘看过以后，高兴得连嘴都合不拢了。

原来，玉皇大帝送的是一个大银盆，里面有72颗特大的翡翠，而且有各种玉石雕琢的飞禽走兽，简直就是一个聚宝盆。这个大银盆远

■ 太湖风光

■ 太湖美景

远望去，好像一只精致的大盆景呢！各路神仙都赞不绝口。

王母娘娘做寿诞，举行蟠桃盛会，因为没有请弼马温孙悟空，结果孙悟空发了脾气，他就大闹天宫。他见一样打一样，当他看见玉帝送的大银盆时，也不管三七二十一，便一棒子打了下去。

银盆从天上落到地上，在地上砸了个大洞，银盆便化作了白花花的水，形成了一个3.6万顷的湖，因为这个湖是从天上掉下来的，"天"字上面的一横落在下面就为一点，也就是"太"字，所以人们就把这个湖叫作"太湖"。

那72颗翡翠就变成了72座山峰，分布在太湖的四周。银盆里玉石雕刻的鱼，就变成了太湖里肌白如银、肉嫩味鲜的银鱼。银盆里玉石雕刻的飞禽，就变成了对对鸳鸯。银盆里那些雕刻的走兽，就变成了湖边树林里的野兽。

四大金刚 民间又称"四大天王"，即东方持国天，名多罗咤，身白色，穿盔甲，手持琵琶，主乐神。南方增长天，名毗琉璃，身青色，穿盔甲，手握宝剑，护法神。西方广目天，名毗留博叉，身白色，穿盔甲，手持蜃，传法神。北方多闻天，名毗沙门，身绿色，穿盔甲，右手持宝伞，左手握银鼠，降魔施财之神。

太湖鼋头渚风景区

　　有了太湖之后，人们感叹它的神奇，都逐水草而居，不断搬迁到太湖边居住，希望沾沾太湖的灵气。久而久之，人越聚越多，逐渐形成了太湖县。

　　太湖县是一个历史悠久的文明古县，远在春秋战国时期，太湖县隶属于楚国。后来在太湖小池出土了一批罐藏的楚国时期铜贝币，印证了太湖的悠久文明。

　　到了秦朝，秦始皇在公元前223年灭掉了楚国，设置了九江郡，也就是后来的寿县城关。秦始皇在公元前221年时，改属衡山郡，也就是后来的湖北黄冈之北和皖县西南地区。

　　公元前 206 年，西汉时，太湖县改属番君吴芮衡山国的皖县地。公元前 203 年，改属英布的淮南国衡山郡。公元前 173 年，淮南国被废除，衡山郡直属汉廷。后来又不断更换所属和设置。

　　在三国时期，太湖属于吴国扬州庐江郡皖县西南地区。在西晋时，280 年，庐江郡属扬州庐江郡皖县地域。在东晋时，413 年，新设置了晋熙郡及怀宁县，均管辖原来皖城，属于豫州。东晋末年，又在后来太湖县境内设置了青城县，属于晋熙郡。

太湖县是我国佛教禅宗文化的发祥地。310年，就有西域高僧佛图澄来此建寺造塔。他曾是我国佛教史上第一个争取朝廷把佛教纳入官府保护之下的人。

南朝宋在448年，设立太湖左县。后来南朝又设立龙安郡，下辖有太湖左县和东陈县。

隋朝在583年，废郡改州，晋熙郡改名为熙州，太湖左县改名为晋熙县。后又将晋熙县恢复太湖县的名字，去"左"字，隶属同安郡。

唐朝在621年，改名为太湖，隶属于舒州，县名一直沿用。

朱元璋建立明朝，改年号为洪武，洪武元年，即1368年，当时太湖县隶属江南行省安庆府。安庆府先后直属中书省、直隶六部、南京等。

清朝顺治期间，太湖县隶属于南直隶安庆府。1645年，安庆府改属江南省。1662年，安庆府改属江南省安池太道。先后还治芜湖、改属安徽安池太道、裁安池太道、江安十府储粮道、宁池太广道、庐凤

佛图澄（232年～348年），竺佛图澄大师，西域人。310年来到洛阳，当时他已经79岁。他能诵经数十万言，学识渊博并热忱讲导。佛图澄重视戒学，平生"酒不逾齿，过中不食，非戒不履"，并以此教授徒众。

■ 太湖风光

道、皖南道。太湖所在区域之所以有这么悠久的历史，完全是因为地理位置太过重要所致。

太湖位于江苏南部，全部水域都在江苏境内，湖水南部与浙江湖州相连。它是我国东部近海区域最大的湖泊，也是我国第三大淡水湖，是我国著名的风景名胜区。

太湖横跨苏州的吴中、相城、虎丘、吴江和无锡的滨湖、宜兴以及常州的武进，最后还有湖州的金湖岸线。太湖分别由苏州、无锡、常州三地管辖。太湖南岸从父子岭起，沿湖岸线为苏浙行政区域分界线，湖州太湖沿岸线长57.86千米。

在古时候，太湖又称震泽、具区、笠泽、五湖等，过去认为太湖是由长江、钱塘江下游淤泥填海湾而成。还有一种说法是，在近1万年前由陨石撞击形成的湖荡区，产生了太湖、阳澄湖、淀山湖、滆湖、汾湖等众多湖荡。因为是陨石猛烈撞击而产生了一次较强大的地震破坏，所以古人称太湖为震泽。

在古代，太湖有"一湖跨三州"之说，主要水源有两处：一处是

来自浙江天目山的苕溪，在湖州以下分为70多条河流注入；另一处来自江苏宜溧山地北麓的荆溪，分别由太浦、百渎等60多条河流注入。

太湖水由北、东两面70多条河流下泄至长江，主要有下游的娄江、吴淞江、黄浦江为主的"三江"。其中黄浦江是最大泄水河道，其余诸河流量较小，每因海潮顶托或江水上涨而倒流。

整个太湖水系，共有大小湖泊180多个，连同进出湖泊的大小河道，组成了一个密如蛛网的水系。这对航运、灌溉和调节河湖水位都十分有利。江南运河是京杭大运河的重要组成部分，它从镇江口引长江水南流，穿过太湖水系众多的河流和湖荡，成为这个水网的重要干流。

太湖中有岛屿40多座，以西洞庭山最大。东岸、北岸有洞庭东山、灵岩山、惠山、马迹山等低丘，山

京杭大运河 古名"邗沟"和"运河"，是世界上里程最长，工程最大、最古老的运河，与长城并称为我国古代的两项最伟大的工程。大运河南起余杭，北到涿郡，途经五大水系，全长约1794千米。

029

阴柔之美

湖泊底蕴

■ 太湖晚霞

顾祖禹（1631年～1692年），字复初，一字景范，字瑞五，号景范。我国清初沿革地理学家和学者。他在家庭的影响下，毕生专攻史地，以沿革地理和军事地理的研究为精深。曾参与编纂《大清一统志》。

■ 太湖一景

水相连，风景秀丽，为著名游览区。

据清代地理学家顾祖禹所著《读史方舆纪要》记载，太湖在苏州府西南15千米，常州府东南40千米，浙江湖州府北14千米。其滨江之县为：

苏州的吴县，吴江，常州武进区，无锡，宜兴，乌程，湖州的长兴区，纵广三百八十三里，周回三万六千顷。或谓之震泽。吴郡志载，太湖东西二百余里，南北百二十里，周五百里。中游七十二峰，为三吴之巨浸。

太湖范围大，景点多，人文古迹多，有极好的风景。太湖碧波万顷，朝晖夕雨，雾霭晴光，自然景色变化万千，加上周围群山和湖中小岛，融娇艳、神秀于一体，使人心旷神怡。

著名的风景点有无锡蠡园、鼋头渚和苏州洞庭东山、洞庭西山等。从总体上说，太湖与"人间天堂"苏州、杭州两个地方及整个锦绣江南联系在一起，是美丽江南的代表之一。

太湖的景色秀丽，尤以无锡的鼋头渚为代表。

鼋头渚位于太湖正北面、无锡西南的太湖之滨和充山西端，离无锡约10千米，为三面环水的半岛，从空中向下看，就像伸入湖中的一个大鼋头，故有此名。

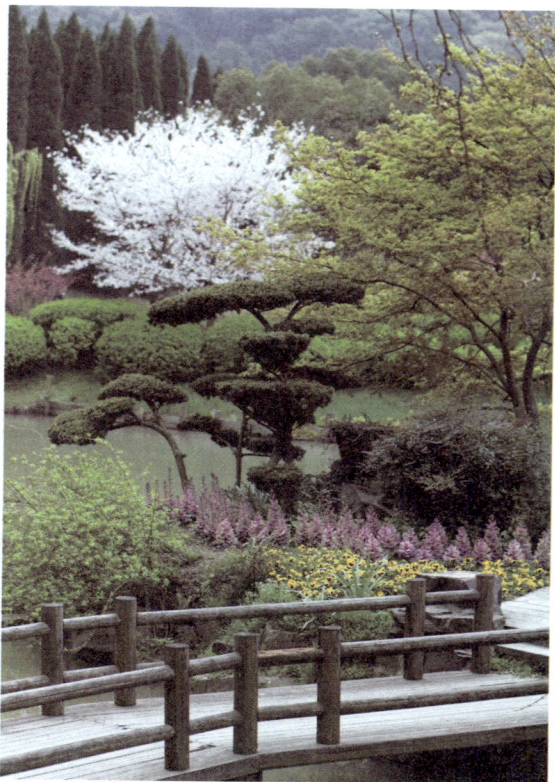

■ 太湖鼋头渚风景

鼋头渚的特点是以天然风景为主、人工修饰为辅。园林是观赏太湖风光最佳的地方。

三山又称乌龟山、笔架山，位于无锡充山南端，是太湖中小岛。三山距鼋头渚2.6千米，最高处海拔49.8米，是一个由东鸭、西鸭、大矶、小矶4个岛屿组成的湖岛，原为渺无人烟的荒岛，后来被人们所熟知。

西鸭和大、小矶之间筑有环山公路，有桥使三山连成一体。山上有松、竹、枫、樟、红橘等。西鸭山上建有六角亭，大矶山上建有三山茶室等。

蠡园位于无锡西南处的蠡湖北岸青祁，蠡园以水饰景，是江南名园之一。蠡湖原称五里湖，是太湖的

范蠡（前536年～前448年），字少伯。春秋末期著名政治家、实业家。他虽然出身贫贱，但聪敏睿智，博学多才。其间三起三落，乃我国儒商之鼻祖，后人尊称其为"商圣"。

■ 太湖风光

一部分。相传春秋末年，越国大夫范蠡功成身退，与西施泛舟湖上而得名。

蠡园三面临湖，亭、廊、堤均依水而建，精致纤巧，色彩和谐。春季沿湖环路花香不绝。千步长廊，曲岸枕水，壁上嵌有历代著名书法家苏轼、米芾、王阳明书法篆刻。蠡园在远山近水的衬托下，外景开阔，风光明媚，在江南园林中尤富特色。

马迹山又名马山，位于鼋头渚和三山西部，是太湖中第二大岛。整座岛气势雄伟，自古以来就是兵家必争之地。战国时吴王夫差曾在此击败越王勾践，宋时爱国军民曾在此抗击金兵。

山上设有富丽堂皇的亭台楼阁，岛上泉清谷幽，果园遍布。在此品果赏景，别有一番情趣。

惠山位于无锡西郊，是江南名山之一，雄踞于太湖北岸。古称华山、历山、西神山，唐以后始称

勾践 春秋末期越国的国君，前496年至前465年在位。因为他是大禹的后代，所以姓姒，名勾践，又名菼执。他曾败于吴，屈服求和，后卧薪尝胆，发愤图强，终成强国。

惠山（或作"慧山"）。山有九峰，蜿蜒若龙，又称九龙山。

惠山以泉水著称，有惠山泉、龙眼泉等十余处，故俗称惠泉山。惠山泉又称天下第二泉。相传为唐大历年间无锡令敬澄开凿，因僧人惠照在此居住，故名惠山泉。惠山有九龙十三泉，其中二泉最负盛名。

据唐常州刺史独孤及《惠山寺新泉记》印证，唐以前已有惠山泉，惠山系乌桐砂岩，泉水经过滤，含矿物质多，水色透明，甘洌可口，为煮茶珍品。

唐代著名的茶叶专家"茶圣"陆羽，是中国第一部茶学专著《茶经》的作者，他品天下泉水20种，认为庐山康王谷洞帘水为第一，无锡惠山新泉为第二，蕲州兰溪石下水为第三……故惠山泉又称陆子泉。在泉亭上有"陆子祠"，是无锡人纪念陆羽的地方。

另据张又新《煎茶水记》载，刑部侍郎刘伯刍曾

■ 太湖之源碑刻

秀丽的湖泊

太湖风光

言：水之宜茶者七：扬子江中泠泉第一，惠泉第二，虎丘第三……根据陆、刘二位古代品茗专家品定，惠山新泉均列第二，故称"天下第二泉"。

后来民间音乐家阿炳，曾在惠山一带颠沛流离，谱下了《二泉映月》一曲。以"二泉映月"为乐曲命名，不仅将人引入夜阑人静、泉清月冷的意境，听毕全曲，更犹如见其人——一个刚直顽强的盲艺人在向人们倾吐他坎坷的一生。此曲如怨如慕、如泣如诉，在国内外广为流传。

惠山东之锡山顶有龙光塔和龙光寺，山底建有龙光洞，山腰有晴云亭等。

洞庭东山俗称东山，古称胥母山，又名莫厘山，位于苏州西南40千米的太湖东南端。原为太湖中一小岛，后渐与东岸连成一片，成为半岛。

张又新 约813年前后在世，字孔昭，曾任司马、江州刺史、刑部郎中、左司郎等职。著有《煎茶水记》一卷，是继陆羽《茶经》之后，我国又一部重要的茶道研究著作。他还善于写诗文，著有《唐才子传》流传于世。

洞庭东山的主峰莫厘峰海拔293米，是观赏湖光山色的最佳地点之一。这里三面环水，漫山花果，有江南"花果山"之称。

洞庭东山的山上名胜古迹众多，其中位于西卯坞的紫金庵，内有16尊罗汉群像，后由印弥陀增塑2尊，合称为十八罗汉，是古代雕塑艺术之精品。这里还有明代古建筑及神话传说中的柳毅井寺古迹，为吴中游览胜地。

洞庭西山位于距苏州西南30余千米的太湖中，为太湖中最大的岛屿。岛上最高的缥缈峰海拔336米。岛的南端有石公山、归云洞、夕光洞、一线天等名胜和来鹤楼、断山亭等古建筑。

主峰下有"村屋古洞"，俗称"龙洞"，又名"左神幽虚之天道书洞"，被道家誉为"天下第九洞天"，是一大型石灰岩溶洞。洞内曲折幽深，最宽处

紫金庵 坐落在洞庭东山，始创于唐代，清代重修。但让紫金庵声名远扬的，是南宋民间雕塑名手雷潮夫妇塑"精神超忽，呼之欲活"的罗汉像。紫金庵罗汉塑像造型十分准确，形体比例适度，姿态生动，容貌各异，充满世态人情，俨然生活在世上人间，显示了12世纪我国雕塑艺术的高超水准。

阴柔之美

湖泊底蕴

■ 东山紫金庵

■ 无锡太湖风光

佛图寺 是东晋元帝大兴年间为天竺高僧佛图澄建造，所以叫佛图寺。位于风景秀丽、人杰地灵的寺前镇，又名大尖山。千百年来，许多文人墨客在游览佛图寺时，留下了大量诗词歌赋，这些诗词歌赋被能工巧匠雕刻其间，进一步丰富了佛图寺的佛教文化内涵。

可容纳数百人，钟乳石各具形态，变幻无穷。

洞庭西山以盛产假山石、太湖石远近闻名。向西，一片暗绿色的橘林中飘浮着缕缕乳白色的炊烟，这便是西山八景之一的"村屋晚烟"。山上奇崖怪石，似万朵芙蓉盛开，或玲珑剔透，或峥嵘突兀，千姿百态，令人目不暇接。

洞庭西山的重点寺庙有数十处，如佛图寺、二祖禅堂、西风禅寺、海会寺自古以来都非常有名。

九华山双溪寺肉身菩萨大兴和尚和著名的宗教领袖、海内外尊称为"活佛"的赵朴初先生都生长在花亭湖畔。

二祖禅堂位于花亭湖狮子山上。由于太湖地区的人们十分尊崇和保护禅宗二祖慧可及其弟子，便捐募山场田地建造了二祖禅堂。狮子山上对弈石、二祖洞、不涸泉、濯锡潭等自然山石一直保持了古风古貌，狮子山一直被人们尊称为二祖仙山。

太湖湾湖山结合完美，坐北朝南，平山远水，风景秀丽，腹地缓坡，山不高而清秀，水不深而旷远。

太湖古称震泽，又名五湖。这里山水相依，层次丰富，形成了一幅"山外青山湖外湖，黛峰簇簇洞泉布"的自然画卷。

太湖是一个天然的巨大水库，汛期能够蓄水，不仅下游地区依赖太湖水灌溉，上游大部分地区也依赖太湖水灌溉，太湖水可一直灌到西部山脚边。一般年份，灌溉水源都可满足，特殊干旱年份水源不足时，需从长江引水。

太湖不仅对全流域灌溉有很大作用，而且对流域所在地的供水具有重要作用。一湖好水，沿湖无锡、苏州等地可直接取用。黄浦江以太湖为源，清水长流，对冲淤、冲污、冲咸和上海用水也有着重要意义。

我国人民对太湖流域的开发治理已有几千年历史，在开挖河道、修建江堤海塘、建设塘浦圩田等方

禅宗 佛教分为九乘佛法，然禅宗即是教外别传之第十乘，禅宗又名佛心宗，摄持一切乘，也是汉传佛教最主要的象征之一。汉传佛教宗派多来自于印度，但唯独天台宗、华严宗与禅宗，是由我国独立发展出的3个本土佛教宗派。其中又以禅宗为最具特色的教派。

■ 无锡太湖美景

太湖鼋头渚风景

面积累了丰富经验，使太湖流域较早成为我国经济发达、物产丰饶的地区。

我们的祖先在太湖修筑了大量的水利工程，使这个西靠山丘、东接大海、南北滨江的地区形成了一个完整的湖泊河网，可以兼收灌溉、排水、通航和水产之利。

太湖流域的自然条件十分优越。太湖不仅位于全流域的中心，而且是全流域的水利中枢。京杭大运河纵贯太湖北、东、南三面，沟通了众多东西向的排水河道，起着相互调节的作用。

太湖东、北、西沿岸和湖中诸岛，因为是吴越文化发源地，所以有大批文物古迹遗存，如隋代大运河、唐代宝带桥、宋代紫金庵等。

在太湖最出名的要数太湖石。太湖石又名窟窿石，是一种石灰岩，形状各异，姿态万千。通灵剔透的太湖石，其色泽最能体现"皱、漏、瘦、透"之美。

太湖石的色泽以白石为多，少有青黑石、黄石，尤其黄色的更为稀少，故特别适宜布置公园、草坪、校园、庭院旅游景色等，有很高的观赏价值。

据成书于五代末至北宋初的我国古代重要笔记《清异录》记载，从五代后晋时代开始就有人玩赏太湖石，到唐代特别盛行。

唐代身居相位之尊的牛僧孺就是一个酷爱收藏太湖石的人。他在府第归仁里和南郭的别墅收藏太湖石，白居易称他"休息之时，与石为伍"，甚至到了"待之如宾友，亲之如贤哲，重之如宝石，爱之如儿孙"的地步，可见其爱石之深。

白居易曾写有《太湖石记》专门描述太湖石，宋代所著的我国第一部论石专著《云林石谱》中也专门有记载。历史上遗留下来的著名太湖石有苏州留园的"冠云峰"、上海豫园的"玉玲珑"等园林名石。

牛僧孺（779年~848年），字思黯。他既是政界的贵胄，又是文坛的名士。他好学博闻，青年时代就有文名。他与白居易有着深厚友情，两人经常一起品石作文，其乐融融。

■ 太湖石

■ 美丽的太湖夜景

太湖石分为水石和干石两种。唐代诗人吴融的《太湖石歌》中生动描述了水石的成因和采取方法：

洞庭山下湖波碧，波中万古生幽石，
铁索千寻取得来，奇形怪状谁得识。

太湖是我国五大淡水湖之一，3.6万顷湖水弥漫，72峰岛屿散立，自然风光秀丽雄浑。一曲"太湖美，美就美在太湖水"，让多少人为之心醉！

阅读链接

传说春秋末年越国大夫范蠡帮助勾践打败了吴国后，便辞官离开了越国。后来，范蠡携带西施，驾着一叶扁舟，出三江，泛五湖而去，杳然不知去向。

有诗云："已立平吴霸越功，片帆高扬五湖风。不知战国官荣者，谁似陶朱得始终？"太湖从此与范蠡西施结下渊源。

溪泉灵性

我国地域幅员辽阔，千姿百态的溪水清泉，不仅给人们提供了理想的水源，美化了秀美的山川景色，而且有的还具有神奇的医疗作用。

有的温泉，四季如汤；有的冷泉，刺骨冰肌；有的承压水泉，喷涌而出，飞翠流玉；有的潜水泉，清澈如镜，汩汩外溢；有的喷泉，腾跃而起，水雾弥漫；有的间歇泉，时淌时停，含情带意。

这些美丽的溪水清泉，不仅外在迷人美丽，充分体现了水韵精华，内在更加具有文化内涵，充满了丰富的文化历史底蕴。

高原明珠——昆明滇池

　　传说在很久很久以前，在云南昆明的人们仅靠老天给予的一点雨水来滋润自己的一方土地，人们经常生活在忧心忡忡之中，生怕做错哪一件事突然得罪了老天爷，日子也就没法儿过了，一家老小只有等

俯览滇池

滇池全貌

着挨饿了，这样靠天吃饭的日子无时无刻不伴随着人们。

有一年，昆明地区干旱了好久好久，人们无论怎么祈求老天爷，老天就是舍不得降一滴雨，云南地区的土壤也就越来越贫瘠，人们的生活也变得更加艰难了。

这时，有一对相敬如宾的夫妻同样经历着这场大旱灾。在妻子生下孩子不久，丈夫便决定去寻找可以运来水的法子，于是他便开始了这场漫长的寻水之旅。

当他到达东海之后，正在为如何将水运到昆明而苦恼时，他看到一只老鹰突然从岸边叼走一条小红鱼。年轻人身手矫捷，将手中的弓箭射向老鹰，小红鱼掉入了水中，得救了。小红鱼遇水后却变成了一条龙。

原来，年轻人救的不是一条普通的小红鱼，他救的是龙王的三公主。龙王听说实情后，就看中了年轻人，便想将自己的三女儿嫁给他。

这个年轻人说："我家里有我深爱的妻子，我还要运水回去帮助

秀丽的湖泊

■ 滇池风光

茶马古道 指存在于我国西南地区、以马帮为主要交通工具的民间国际商贸通道，是西南民族经济文化交流的走廊。茶马古道是一个非常特殊的地域称谓，是一条世界上自然风光最为壮观、文化最为神秘的绝品线路，它蕴藏着取之不尽的文化遗产。

乡亲们啊！"

龙王听后大为不悦，用计将年轻人变成了一条小黄龙。公主看到后也无计可施，只能悄悄地，在背地里默默地帮助小黄龙学习降雨的方法。

有一天，机会终于来了。龙宫大庆，龙宫里所有的人都喝得酩酊大醉，小黄龙深吸了一肚子东海的水，他飞回昆明，在一个地势低洼处，将肚子里的水全部吐了出来，形成了一个巨大的水池。

由于池里的水是来自东海，而东海的水都是蓝色的，因此这池水也是蓝色的。又因为水池处于滇部地区，所以人们叫这水池为"滇池"。

小黄龙想起要赶紧见他的妻子，但是，他在龙宫待的日子正如民间所说，"天上一日，地上一年"，妻子在家苦苦等他，最后，泪流干而死，变成后来的

"睡美人"山了。知道了这件事，丈夫再也无心留在世上，自行撞山而死，形成了后来的"蛇山"，与妻子共同守护着那一池蓝蓝的池水。

滇池是我国著名的淡水湖泊，被誉为云贵高原的明珠，是昆明文明的发祥地之一。由于滇池风景宜人，吸引了历史上很多的名人，也促成了昆明城的产生和发展。

作为历史上云南最早的居住地和第一文明地域，就是因为昆明位于通往东南亚、印度和西藏的茶马古道上而获益良多。

公元前109年，滇国被汉武帝统一。汉朝为了管理南方通往缅甸和印度的丝绸之路，汉武帝将昆明地区归入汉朝，这连接了四川和越南，又将滇国的领土纳入了益州的管理范围。

■ 滇池湿地

秀丽的湖泊

■ 碧波连天的滇池

虽然滇国的领土被归入了汉朝，但汉朝始终难以驯服这遥远而野性的边疆，所以滇王依然是真正的统治者。

765年，南诏君主阁罗凤命长子到滇池北岸，也就是到当时还叫"昆川"的昆明修筑城池。这座城池是一座长3000米的土城，其东、南、北三面有城墙，河上有木船可通滇池东岸，这便是昆明城发展史上真正的起点。

后来，元朝时，在忽必烈打败大理国后，云南又成为元朝的一个行省。元朝把行省治所设在昆明，并修建了松华坝水库，解决了长期以来的滇池水患。

14世纪，随着明朝推翻蒙古族的统治，昆明也自然纳入明朝的版图。明代地理学家徐霞客在游览滇池后，留下了对其美好景色的真实描绘。

然而滇池真正成为名扬海内外的风景名胜之地，却是在清代诗人孙髯翁于大观楼上题的180字的长联

■ 滇池湿地

之后。这位一生贫寒的布衣以其绝世的才情、独到的见解、精练的笔墨，将滇池的美丽、云南的文化历史书写得淋漓尽致。

滇池自诞生以来已有300万年的历史，它擅湖山之美，假春城之秀。其秀美的风景和宜人的气候养育了一代又一代的昆明人，并促成了历史上昆明城人口的迅速增长。

自明代洪武初年起，昆明城进行了大规模的扩建，人口开始呈几何级数递增。

清代康熙皇帝更是制定了"滋生户口，永不加赋"的政策，也极大地刺激了人口的增长。

明朝时，云南总人口不到150万人，但到了19世纪，仅昆明曲靖一带的人口就达到了145万，比明代末期增加了近9倍，相当于300年前云南全省的人口。清代中叶以后，滇池地区人口迅速增长到一个新

常璩 字道将，东晋蜀郡人。出生于常家大族，青少年时期广读典籍，掌握了极其渊博的知识。但是常璩在老年以前，常受歧视，他便把年轻时的旧作改写成《华阳国志》，意欲在赞扬巴蜀文化悠远、人才济济的同时，以此来反抗那些对蜀人藐视的人。

西山龙门滇池

秀丽的湖泊

的高度。

而关于滇池名称的由来，古时候有三种说法：首先从地理形态上看，晋代史学家常璩在《华阳国志·南中志》中说：

滇池县，郡治，故滇国也；有泽，水周围二百里，所出深广，下流浅狭，如倒流，故曰滇池。

再有就是寻音考义，认为"滇，颠也，言最高之顶"；最后是从民族称谓来考查，据《史记·西南夷列传》中记载，"滇"是古代这一地区最大的部落的名称，战国后期，楚国将军进入滇后，随俗称"滇王"，故有滇池部落，才有"滇池"这个名字。

滇池位于云南省昆明西南端，是我国著名的高原淡水湖泊和西南地区面积最大的内陆湖泊，古名滇南泽，又称昆明湖。

滇池是地震断层陷落型的湖泊，其外形似一弯新月。它地处长江、红河、珠江三大水系分水岭地带，是昆明重要的水利资源和主要的饮水来源。

滇池有盘龙江、宝象河、马料河等20多条河流注入。在西南端有人工控制的唯一出水口——海口闸，湖水向北流经螳螂川和普渡河，最后流入金沙江。

两亿年前的中生代，滇池及其邻近地区最后一次从海底升起，逐步隆升为高原。第三纪时期，受喜马拉雅造山运动的影响，这片高原呈南北向断裂凹陷，在沉积盆地中出现了一个美丽的形似一弯新月的湖泊，就这样，滇池诞生了。

滇池水域，群山环抱，河流纵横，良田万顷，人称"高原江南"。在滇池的周围，有渔村和风帆点缀的观音山，有花光树影的白鱼口空谷园，有绵亘数里、水净沙明的海埂湖滨等，都是十分惬意的游览之地，特别是在绿波荡漾的彼岸，巍峨雄壮的西山之巅，水浮云掩。那浩泊秀丽的与大海般的玄境就呈现在眼前。

滇池是昆明风景名胜的中心，有西山、白鱼口、郑和故里、盘龙古寺、官渡金刚塔等名胜古迹，

盘龙古寺 始建于1598年。盘龙寺原名"盘龙庵"，传说这里是祥龙恶斗海魔时，海魔败逃，祥龙受伤后盘踞于蛤蜊港口一棵大榆树下。从此，那里的人们为了答谢祥龙，便在祥龙盘歇之处建盘龙寺，供山海渔民、烧盐穷民、来往商贾、地方百姓烧香拜佛，以求平安如意，那棵大榆树则被人们称为"盘龙树"。

水韵精华

溪泉灵性

■ 官渡金刚塔

滇池华亭寺

滇池西岸的西山，峰峦叠嶂，一片苍翠，自古就被视为"滇中第一佳景"。

昆明有"三月三，耍西山"的风俗，是昆明人民传统的春游习俗。

三月三游春，最早始于春秋战国时期的"执兰招魂续魄，拔除不祥"，当时被称为"上巳节"。到三国时期，曹魏把上巳节定为三月三，这一天成为春游祭祀活动日。到唐朝，这天已形成大的春日游乐活动。

滇池西岸绿树浓荫中有华亭寺、太华寺、三清阁、龙门，以其悠久历史、深厚底蕴向人们展示出西山的精彩内涵。

华亭寺位于海拔2000米的山间，创建于14世纪，寺内殿宇规模宏伟壮观，是昆明著名的佛教圣地。

太华寺建于14世纪初，花木繁盛，幽香袭人，寺内的望海楼，是观看滇池日出的好地方。

三清阁和龙门是一组构建在西山主峰罗汉山悬崖峭壁上的建筑群，有9层11阁。

龙门石雕工程，包括石道、古室、古栏、古窟、古佛等，是西山胜境的精华所在。登上龙门，凭栏下视，为百丈之悬崖峭壁。举目远望，海天一色，五百里滇池尽收眼底。

海埂原是一条由东向西横插入滇池中的长堤，东面从金家河起，徐徐向西延伸，止于距西山脚一里许的滇池中，隔水与西山、大观楼等名胜遥相呼应，成为浑然一体的游览区。

连理奇桉，在滇池边海埂公园内，你会看到肢体相连的两株百年桉树。一株高大挺拔，一株婀娜多姿，似一对忠贞不渝的爱侣，携手眺望滇池。

睡美人山，只有到海埂，才能真切地看到睡美人

大观楼 位于云南昆明近华浦南面，三重檐琉璃戗角木结构建筑。1696年始建二层楼宇。清乾隆年间，诗人孙髯翁为其撰写长联，由名士陆树堂书写刊刻，大观楼因长联而成为我国名楼。1828年修葺大观楼，增建为3层。咸丰帝题"拔浪千层"匾，1858年，长联与楼毁于兵燹。1866年重建，复遭大水，1883年再修。

■ 海埂景区

秀丽的湖泊

■ 滇池海埂景观

山的容姿。面容清晰，曲线婀娜，秀发流转，与夕阳绘成一幅瑰丽的画卷。

滇池四季美景秀丽。春天，滇池的飘絮，公园内的千株柳树，是海埂30年沧桑的见证。当柔顺的柳梢上探出羞涩的芽头时，大地一片嫩绿，天空，漫天的柳絮随风飘扬，轻歌曼舞，构成一幅春意盎然的画卷。

夏天，海埂的风情，古人称滇池为"海"，十里长堤绿树成荫，飞驰的快船溅起雪白的浪花，湛蓝的天空、深蓝的大海、碧绿的草地、清新的空气，向人们展示出大海才有的海滨风情。到这里，你能深深感受到什么是"天高云淡，海阔胸宽"。

秋天，滇池夜月，在昆明城众多的名胜风景中，"滇池明月"不施粉黛，清新自然，奇幻多变，瑰丽壮观的景色，以及由彩云追月、月映睡美人山等独特景观所绘成的水墨山水，历来深受文人墨客的钟爱。

明初诗僧机先称之为"滇池夜月"，并将其列入所著的《滇阳六景》中；清人张士廉更将其绘为《昆明八景》画之首，引来众多文人赋诗题词。每逢中秋，世人竞相前往海埂赏"滇池明月"，已成为昆明的传统习俗。

冬天，滇池鸥嬉，曾有人戏言，海埂的红嘴鸥是一群乡村小姑娘，清新自然，不旆粉黛，不似城中的娇娇小姐，趾高气扬，拒人千里。在海埂，随处可见红嘴鸥在游人手上啄食，洁白的身影在海面上追逐着游船。这样人鸥相亲的场景，在别处是看不到的。

滇池，碧波万顷，风帆点点，湖光山色，令人陶醉，水面宽阔。站在龙门上，居高临下，滇池尽收眼底，有"高原明珠"之称。

其迷人之处更在于它一日之内，随着天际日色、云彩的变化而变幻无穷。滇池周围风景名胜众多，与西山森林公园、大观公园等隔水相望。

昆明是以滇池为依托而繁荣发展起来的城市，昆明也是一座以滇池为依托而四季如春、景色秀丽、古迹众多而闻名中外的地方。

阅读链接

昆明西山森林茂密，花草繁盛，清幽秀美，景致极佳，在古代就有"滇中第一佳境"之誉。

从昆明城东南眺望，西山宛如一位美女卧在滇池两岸，她的头、胸、腹、腿部历历在目，青丝飘洒在滇池的波光浪影之中，显得三姿绰约，妩媚动人，所以又叫睡美人山。

民间传说，在远古时有一位公主耐不住宫中寂寞，偷偷出了王宫与一小伙结为了夫妇。后来，国王拆散了这个美满姻缘，并用才将小伙子害死了。

公主悲恸欲绝，痛哭不止，泪水便化作了滇池，她也仰面倒下化作了西山。

宝岛明珠——台湾日月潭

　　相传在很久以前，美丽的宝岛台湾住着一位勇敢的青年大尖和一位美丽的姑娘水社，他们相互爱慕，常常在大树下相会。

　　大树旁边有个大潭，里面住着两条恶龙，有一天太阳走过天空，

■ 远眺台湾日月潭

■ 台湾日月潭全景

溪泉灵性

公龙飞跃起来，一口将太阳吞食下肚。晚上月亮走过天空，母龙也飞跃起来，一口将月亮吞下。

这对恶龙在潭里游来游去，把太阳和月亮一吐一吞、一碰一击的，像在玩大球。但是他们只图自己好玩，却没想到人世间没有了太阳和月亮，分不清白天和黑夜，树木枯萎了，鸟儿不叫了，稻田里快成熟的稻穗也干瘪了，家家户户的粮食吃光了，牛羊饿死了，人们的日子过不下去了……

大尖和水社决心为人间找回太阳和月亮，可是怎样才能杀死恶龙呢？大尖和水社悄悄地钻进恶龙居住的岩洞里，从恶龙的谈话中偷听到他们最怕埋在阿里山底下的金斧头和金剪刀。

大尖和水社历尽艰险，顶风冒雨，跋山涉水，终于来到阿里山下，从山底下挖出了金斧头和金剪刀。然后他们又回到大潭边，恰好两条恶龙正在潭里用太阳和月亮做游戏。

阿里山 我国台湾地名，因四周高山环列，气候凉爽，所以山区气候温和，盛夏时依然清爽宜人，加上林木葱翠，是最理想的避暑胜地。阿里山群峰环绕、山峦叠翠、巨木参天，非常雄伟壮观。相传以前，有一位邹族酋长阿巴里曾只身来此打猎，满载而归后常带族人来此，人们为感念他，便以其名为此地命名。

■ 台湾日月潭

秀丽的湖泊

大尖哥跳下潭去，挥起金斧头，把恶龙砍得满头是血、遍体鳞伤，水社姐看准时机，用金剪刀剪断了恶龙的肚子。两条恶龙死了，可是太阳和月亮还是沉在潭里。

大尖哥摘下公龙的眼珠，一口吞下肚，水社姐摘下母龙的眼珠，也一口吞下肚。他们变成了巨人，站在潭里像两座高山，大尖哥用劲把太阳抛起来，水社姐就拔起潭边的棕榈树向上托着太阳，把太阳顶上天空。最后大尖哥又用劲把月亮抛上了天空，水社姐也用棕榈树把月亮顶上天空。

太阳和月亮又高挂在天上，照耀大地，万物复苏，草木活了，树上的鸟儿又歌唱了，田野里稻谷又结穗了，人们欢呼雀跃。而大尖哥和水社姐从此变成了两座雄伟的大山，永远矗立在潭边。人们就把这个大潭叫作日月潭，把这两座大山叫作大尖山和水社山。

后来，每年中秋圆月当空时，仍然可以看到高山族的青年男女扛着又长又粗的竹竿，带着彩球，穿着美丽的服装，学着大尖哥和水社姐的样子，把彩球抛向天空，然后用竹竿顶着不让它落下来，让日月潭永远享有日月的光辉，他们重演着征服恶龙的民间故事，以此来纪念大尖哥和水社姐这对少年英雄。

而"日月潭"这个名字，真正被第一次见到，是在清道光元年（1821）升任台湾府北路理番同知邓传安所著《蠡测汇抄》一书中第二篇所记：

> 过水里社，望见日月潭中之珠仔山；蓝鹿洲东征集所纪之水沙连即此。

而《游水里社记》第十一篇也写有：

> 其水不知何来，潴而为潭，长几十里，阔三之一。水分丹、碧二色，故名日月潭。珠山砥立潭中，高一里许，围五之。

文中说的潭就是"珠仔山"，也就是拉鲁岛，旧称珠屿岛、光华岛，以其潭水之颜色而区分为日月

邓传安 字菽原，号鹿耕，清朝官员。进士出身的他于1824年，因台湾北路械斗事件，以鹿港同知代理台湾府知府，任满调离台湾后，又于1830年奉旨担任按察使衔分巡台湾兵备道，为台湾这一阶段的地方统治者。

■ 台湾日月潭石刻

■ 台湾日月潭风光

潭。而不是如今所谓：

岛东及北侧形圆如日，岛西南侧狭长微弯如月，故名"日月潭"。

埔里镇 位于台湾南投北部，为台湾地理中心。地形则属于典型的陷落盆地，是浑然天成的远古湖泊流失所遗留的盆地地形。埔里镇处于台湾中部的丘陵区，属于副热带湿润气候，所以冬天不严寒，夏天不酷热，是一个气候宜人的乡镇，因而有"小洛阳"的称誉。

日月潭位处水沙连之轴心地带，北方接埔里镇，东北邻仁爱乡，东南为信义乡，西南接水里乡，西北方连接着国姓乡。

日月潭隶属南投县鱼池乡，位于我国台湾脊梁山脉的西麓地带，处在山地与西部平原之间，亦即潭西为平地，潭东即是高山重叠的山地。

日月潭是我国台湾唯一的天然湖，由玉山和阿里山之间的断裂盆地积水而成。

日月潭四周群山环抱，层峦叠嶂，潭水碧波晶莹，湖面辽阔，群峰倒映湖中，优美如画。日月潭每当夕阳西下，新月东升之际，日光月影相映成趣，更是优雅宁静，富有诗情画意。

日月潭旧称水沙连、水社大湖、龙湖、珠潭，当地人也称它水里社。在祖国各大名湖中，独具亚热带的秀丽，一风一雨无不蕴藏着大自然的美。

潭水四季不竭，水极清纯，无垠的漫漫绿波，恍若一面明镜，青山倒映，幽绝、静绝。清晨，山中、潭上往往有薄如轻纱的雾，山风一起，烟雾隐住了光华岛，而湖面更显得烟波浩渺了。

日月潭附近的地形受褶曲、断层及河川侵蚀等作用，致使境内山丘遍布，有许多的急陡斜坡及崩塌地，其间约罗布13个大小悬殊的盆地，日月潭就属境内盆地。

境内盆地是属埔里盆地群的主要分布区，以鱼池盆地的面积为最大。仅日月潭保持湖泊原貌，而鱼池盆地周围山峰，如过坑山、大尖山、水社大山等，都属埔里板岩山地，为乌溪支流南港溪的集水区，而日月潭以南的盆地如头社和铳柜则属浊水溪流域。

日月潭、头社、鱼池及埔里等地，原来均为湖泊，因为此地带同

■ 台湾日月潭

秀丽的湖泊

■ 碧水蓝天日月潭

玄奘　俗姓陈，名祎，号玄奘，出家后遍访佛教名师。629年，玄奘从京都长安出发，历经艰难抵达天竺。游学于天竺各地，645年回到长安，在大慈恩寺等寺院进行研究和翻译佛经直到圆寂。玄奘所译佛经，多用直译，笔法谨严，所撰有《大唐西域记》，为研究印度以及中亚等地古代历史地理之重要资料。

为第三纪黏板岩层的陷没地带，也就是黏板岩层的断层地带。由于地壳变动的不断作用后，而形成大、小盆地，然后蓄水，便形成了山间的湖沼。

其中日月潭被遗留在较高的位置，受盆地之切割作用和河川侵蚀最迟且最少，所以能蓄存相当的水量，并且尚有相当雨水量之流入，且流出之水量又极少，使之不致干涸，同时又无外来的沙砾填充，所以就自然保存了日月潭的湖水。

日月潭是我国台湾最著名的地方。它位于西部的南投县，是台湾最大的天然湖泊，卧伏在玉山和阿里山之间。水面比我国另一个著名湖泊杭州西湖略大，水深却超过西湖10多倍。

日月潭水映着山，湖面宛似一个巨大的碧玉盘。远远望去，潭中的美丽小岛，就好像浮在水面上的一颗珠子，所以叫珠仔岛，又叫光华岛。

以珠仔岛为界，珠仔岛把湖面分为南、北两半：东北面的形状好像圆日，故叫日潭；西南边的如同一弯新月，故称月潭。后来为了庆祝台湾光复，珠仔岛已改名为光复岛。旧台湾八景之一的"双潭秋月"就是由此而来。

日月潭美景如画，春夏秋冬，晨昏晴雨，景色变幻无穷。尤其是秋天夜晚，湖面轻笼着薄雾，明月倒映湖中，景色更为美丽动人。

日月潭四周，点缀着许多亭台楼阁和寺庙古塔。山腰的玄奘寺是专门为了供奉玄奘大师灵骨舍利所建，玄奘寺是目前灵骨奉拜之处。清静幽雅，为眺望日月潭及拉鲁岛最佳的位置之一。

潭东的水社大山海拔约2000米，朝霞暮霭，山峰倒影，风光旖旎。潭北山腰有一座文武庙，自庙前远眺，潭内景色，尽收眼底。南面青龙山，地势险峻，山麓中有几座寺庙，其中玄奘寺供奉唐代高僧唐玄奘的灵骨。

邵族聚落，有专供人们观赏的民族歌舞表演。泛

邵族 生活方式以渔猎、农耕和山林采集为主，农业作物主要是板栗、番薯和花生。杵音之舞是邵族丰年祭中的重要组成部分，"湖上杵声"成为日月潭八景之一。此外还有播种祭、狩猎祭、拜鳗祭、丰年祭等。宗教信仰是祖灵信仰。族内流行的手工艺品为自己鞣制的皮革和自己纺织的麻布。

水韵精华

溪泉灵性

■ 日月潭拉鲁岛

舟游湖，在轻纱般的薄雾中飘来荡去，优雅宁静，别有一番情趣。

日月潭之所以美丽，是因为它的四周是一座座长满绿树的山，而湖水又静静的、蓝蓝的，像一面镜子，把周围的山色倒映在湖里。另外，一年四季，早晨或是晚上，映在湖里的景色也都不一样，变来变去，就像传说中的仙境。

日月潭四周的群山还有几处古迹。其中潭北山腰有文武庙，它位于日月潭北边的山腰上，主祀关帝，另因供奉孔子、岳飞而得名。文武庙以金黄色为主，巍峨耸立。登上文武庙后殿山坡，日月潭左、右两个湖，都看得清清楚楚。

后来民间一直还流传着，在天高云淡之时，站在慈恩塔上可以看见西子湖畔的六和塔的塔尖。这虽然近似神话，却蕴含着台湾人民对祖国的深情。

日月潭是美丽的，美在它的深邃；日月潭又是神秘的，因为它离我们既遥远，又近在咫尺，在台湾有句俗语说："人同根，语同音。"

阅读链接

相传日月潭之发现归功于一只神鹿。300年前，当地有40个山胞集体出猎，一只体型巨大的白鹿窜向西北，于是山胞尾随追踪。

追了三天三夜后，白鹿在高山林中失去踪影。山胞们又在山中搜了三天三夜。第四天，他们越过山林，只见千峰万岭、翠绿森林的重重围拥之中，一派澄碧湖水正在晴日下静静地闪耀着宝蓝色的光芒，就像纯洁婴儿甜蜜地偎依在母亲怀中酣睡。

山胞们又发现，碧水中有个树林茂密的圆形小岛，把大湖分为两半，一半圆如太阳，其水赤色；一半曲如新月，其水澄碧。于是他们把大湖称为"日月潭"，那小岛叫作"珠仔岛"。

他们发现这里水足土沃，森林茂密，宜耕宜猎，于是决定全部迁居此地，带头的部落首领就是今日邵族酋长"毛王爷"毛信学的祖先。

瀑布的美是一种动水景观之美。不同风格的瀑布又都有共同的审美特征，欣赏时应注意它们的"形""势""声"，并从总体上体味其神韵。

瀑布之美除了这些外，还有色彩。飞泻的瀑布在阳光的照射下，五光十色，晶莹夺目，宛如来自天上的银河，瀑布激起的水雾经太阳的斜照，化作一道五彩缤纷的长虹，飞跨山间，煞是美丽动人。

那些从山顶流下来的瀑布，就像一群四蹄生风的白马如潮水般涌来；那些从山腰间流下来的瀑布，又像是纺织出的白绸飘然而下；那些从山丘上浣淌下来的瀑布声，像小鸟欢快的歌声，仿佛在欢迎游人的到来。

九天飞流

瀑布神韵

黄色飞流——壶口瀑布

　　天下黄河一壶收，传说2000多年前，黄河水位高达数百米，龙王爷就居住在后来东西龙王山之处。

壶口瀑布的题词

大禹治水凿开龙门山，水出禹门口，水位下降，龙王山露出水面，龙王爷无处藏身，就使尽全力往地下钻，尾巴还不断拍打岩石，终于造出了这个深达几十米的瀑布和长数千米的石峡龙槽。

龙王爷居住在瀑布之下，口吐万丈洪水淹没了方圆百十里地面，万民遭灾。西王母得知此事，先后抛出宝石，准备填平瀑布，却打到龙王身上，被龙王碰了回来，落到了龙槽之下的河心。

王母抛石没有镇住瀑布，龙王继续吐水为灾。玉皇大帝得知后，派二郎神率九员天兵天将，下凡征服龙王。在距瀑布二十几里处摆开战场，九员天将转眼被龙王杀死。二郎神上报玉皇大帝，玉帝大怒，顺手将桌上的茶壶抛出，将龙王收到壶里，安放在了瀑布的下面。

传说龙王在壶中真心忏悔、静心修炼，最终提前释放，回到壶口，在瀑布底下给自己建造了一座富丽堂皇的宫殿，从此久居壶底，使瀑布方圆数百里年年

天兵天将 是指天界中的将领和士兵，主要作用是卫护天宫，维护佛法，下界降妖除魔。道教认为北斗众星中有三十六天罡，每个天罡星中有一神，与此对应，天宫共有三十六位神将。通常，天将大多穿着华丽的金甲，身体周围有五彩霞光缭绕，身形也非常魁梧，显得华丽而稳重。天兵也各个具有神力，他们通常听从天将的调遣。

■ 黄河壶口瀑布

《书·禹贡》

我国古代一部书籍，是《尚书》中的一篇，是现存史书中最古者，是儒家重要的经典著作之一。《禹贡》的体裁属于地志，《禹贡》利用了战国时期发达的地理学知识，超脱了《山经》极原始的地理概念。《禹贡》对后世地理学的发展有深刻的影响。

风调雨顺，五谷丰登。

早在古时候，黄河壶口瀑布就已闻名，《水经注》载："禹治水，壶口始。"传说壶口是公元前2140年大禹治水时凿石导河之处。

明代有位诗人写《壶口》一诗赞道：

源出昆仑衍大流，玉关九转一壶收。
双腾虬浅直冲斗，三鼓鲸鳞敢负舟。

明代另一诗人陈维藩在《壶口秋风》中是这样描写的：

秋风卷起千层浪，晚日迎来万丈红。

《书·禹贡》中只用3个字形容壶口瀑布：

盖河漩涡，如一壶然。

《古今图书集成》中写道：

山西崖之脚，尽受黄河之水，倾泻奔放，自上而下，势如投壶。

这些诗句，可谓都是壶口瀑布的真实写照。而后来壶口瀑布变成了一个移动的瀑布。据《尚书·禹贡》记载，约在公元前770年，壶口紧连着孟门，随着岁月的流逝，到813年成书的《元和郡县志》记载，壶口距孟门约1.7千米，而后来的壶口却在孟门上流的3千米处，时隔2700年，石槽向上推移了近3千米。

《古今图书集成》 原名《文献汇编》，或称《古今图书汇编》，原是清康熙皇帝三子胤祉，奉康熙之命与侍读陈梦雷等编纂的一部大型类书，康熙皇帝钦赐书名，雍正皇帝写序。是查找古代资料文献的重要的百科全书。是现存规模最大、保存最完整的类书。也是铜活字印刷上卷帙最浩繁、印制最精美的一部旷世奇作。

■ 黄河壶口瀑布

■ 波涛汹涌的黄河水

龙王庙 专门供奉龙王之庙宇，每逢风雨失调，久旱不雨，或久雨不止时，人们到龙王庙烧香祈愿，以求龙王治水，风调雨顺。龙，是行雨管水的神灵。所以人们把风调雨顺、五谷丰登的年景寄予了龙神。

壶口瀑布在移动的过程中，由于瀑布水流巨大的冲刷力，在坚固的岩上冲出一道深深的沟槽。传说大禹治水时，曾有神龙相助，劈出一道石槽，疏导洪水，所以人们就叫它"十里龙槽"。

北魏郦道元曾经在《水经注》中写道："水非石凿而能入石，信哉！"

壶口瀑布是黄河中游流经晋陕大峡谷时形成的一个天然瀑布。西面是陕西宜川，东临山西吉县。瀑布宽达30米，深约50米，最大瀑面3万平方米，是我国仅次于贵州黄果树瀑布的第二大瀑布。

滚滚黄河水至此，500余米宽的洪流骤然被两岸所束缚，上宽下窄，在50米的落差中翻腾倾涌，声势如同在巨大无比的壶中倾出，所以叫"壶口瀑布"。

壶口瀑布落差大，再加上瀑布下的深槽狭长幽深，水流湍急，给水上船只通行带来很大的困难。

过去从壶口上游顺水下行船只，不得不先在壶口上边至龙王庙处停靠，将货物全部卸下，换用人担、畜驮沿着河岸运到下游码头，同时，靠人力将空船拉出水面，船下铺设圆形木杠，托着空船在河岸上滚动前进，到壶口下游水流较缓处，再将船拖入水中，装上货物，继续下行，在岸上人力拖船很费力气，常常需上百人拼命拉纤。

尽管有一些圆形木杠，铺在船下滚动，但石质河岸上仍被船底的铁钉擦划得条痕累累。在当时的条件下，"旱地行船"可能是水上运输越过壶口瀑布的最佳选择。

瀑布的深槽嵌在原谷底基岩河床中，槽旁原河床底的大部分，成为非洪水期的河岸，全由坚硬的砂岩构成，但是在近水处，几乎没有一点砂石，平坦得可以在上面行车，"旱地行船"正是利用了这种地质地貌条件。

■ 壶口瀑布

冬季的壶口瀑布

　　壶口瀑布位于山西吉县和陕西宜川之间，在山西吉县城西南25千米黄河之中。

　　此地两岸夹山，河底石岩上冲刷成一条巨沟，宽达30米，深约50米，滚滚黄水奔流至此，倒悬倾注，就像奔马直入河沟，波浪翻滚，惊涛怒吼，震声数里外都可听见。春秋季节水清之时，阳光直射，彩虹随波涛飞舞，景色奇丽。

　　以壶口瀑布为中心，它的四周围绕着许多有名的地方，例如在壶口瀑布下游5千米处，可以看到在右侧的黄河谷底河床中，有两块梭形巨石，巍然屹立在巨流之中，这就是古代被称为"九河之蹬"的孟门山。河水在孟门山被分成两路，从巨石两侧飞泻而过，然后又合流为一体。

　　传说在古时，这两个小岛原为一山，阻塞河道，引起洪水四溢，大禹治水时，把此山一劈为二，导水畅流。此二岛，远眺如舟，近观似山，俯视若门。后来孟家兄弟的后代被河水冲走，曾在这里获救，故将此二岛称为孟门山。

壶口瀑布在山西吉县方向，形成一个天然洞穴，可以直接通往壶口瀑布下方，俗称龙洞，又名观瀑洞。

冬天，平日里声势浩大的壶口瀑布，在"冷静"中呈现出别样风情。黄河水从两岸形状各异的冰凌、层层叠叠的冰块中飞流直下，激起的水雾在阳光下映射出美丽的彩虹。

瀑布下搭起美丽的冰桥，两岸溢流形成的水柱如同大小不一的冰峰倒挂悬崖，彩虹时隐时现，游移其间，七彩与晶莹映衬，可谓大自然之神奇。

等黄河水到了"壶口"的地方，湍流急下，激起的水雾，腾空而起，恰似从水底冒出的滚滚浓烟，数十里外都可以看到。

水流激起的雾气的大小与季节、流量有关。冬季河面封冻，瀑布多成冰凌，激浪不大，飞出槽面水雾极少；夏季流量大增，水流溢出深槽，落差甚小，瀑布消失，不易形成升入高空的浓密水雾；春、秋

气势恢宏的黄河壶口瀑布

■ 黄河壶口瀑布

秦晋大峡谷 从起点到陕西韩城与山西河津之间的禹门口，共有720千米。它将被称为肥原沃野的黄土高原一分为二。由于古时峡谷以西为秦国，以东为晋国，因此，大峡谷被称为秦晋峡谷，蕴藏着千年文明。大禹就是在这条峡谷中开始人类历史上最伟大的治水工程的。

两季，流量适中，气温不高，瀑布落差在20米以上，急流飞溅，形成弥漫在空中的水雾，就是"水底冒烟"一景。

壶口瀑布反复冲击所形成的水雾，升腾空中，使阳光发生折射而形成彩虹。彩虹有时呈弧形从天际插入水中，似长龙吸水；有时呈通直的彩带横在水面，像彩桥飞架；有时在浓烟腾雾中出现花团锦簇，五光十色，飘忽不定，扑朔迷离。

霓虹戏水是"水底冒烟"与阳光共同作用的产物。春、秋两季，水底冒烟、浓雾高悬，每遇晴天，阳光斜射，往往形成彩虹，夏日雨后天晴，有时也会出现彩虹。

晴空洒雨，悬瀑飞流形成的水雾飘浮升空，虽然烈日当空，但在瀑布附近，犹如细雨，湿人衣衫，这也是水底冒烟所产生的又一有趣的景观，一般越接近河面，水雾就越浓密。

黄河在秦晋大峡谷中穿行，汹涌的波涛如千军万马，奔腾怒吼，声震河谷，当瀑布飞泻，反复冲击岩石和水面时，产生巨大的声响，并在山谷中回荡，恰如万鼓齐鸣，旱天惊雷，声传十数里外。

只有在壶口瀑布附近，才能真正感受到"黄河在怒吼""黄河在咆哮"。所以唐代大诗人李白为此而发出了"巨灵咆哮擘两山，洪波喷箭射东海"的感叹。

而"山飞海立"就是对壶口瀑布磅礴气势的最佳形容，黄河穿千里长峡，滔滔激流直逼壶口，突然汇集成一束，最后到槽里，形成极为壮观的飞瀑，仰观水幕，滚滚黄河水从天际倾泻而下，势如千山飞崩，四海倾倒，构成壶口瀑布的核心景观。

走近壶口瀑布，在阵阵轰鸣中，近距离感受到"黄河之水天上来"的壮阔。滔滔黄河水，挟雷霆万钧之势，直下百丈悬崖，掀起腾空黄浪，排山倒海，震天撼地。

■ 破空而下的黄河壶口瀑布

黄河壶口瀑布

站在壶口瀑布的边上，看着浊黄而巨大的水浪冲天而起，升腾出不散的白色云雾，两岸是水雕出的沟壑，一律的深褐色石板，重重叠叠，似在讲述一个久远的惊悸。从瀑顶向下层层跌下浊黄的河水，如卷动的绸缎，缎面上镂刻的，是泥黄的涟漪，而它所呈现的，是一种非凡的壮美。

壶口瀑布，以其深广的哲理内涵，吸引着炎黄子孙，人们视其为中华民族自强不息、昂扬奋发的精神象征，而这种精神，正是中华民族的"民族魂"。

阅读链接

壶口瀑布有一则关于神龟峰的传说，据说有一只巨龟，长期潜在黄河水底。它神通广大，可滚动巨石，可犁通河床，故称"神龟"。

有一天，它在孟门山下的河底翻动巨石，正巧碰上奉了大禹之命往山上拉运巨石的神牛。神牛不知它拉动的那块巨石正是神龟，从而惊动了神龟。神龟大叫一声，跳到东岸，翻动河水，现出一道金光，这又惊了神牛。神牛放开巨石，随着一声巨响，一下跳到河的西岸。

民众又来上工，只见神龟和神牛都不能动了。后来神龟变成了神龟峰，神牛也遵从大禹旨意变成了镇河石牛。如今两峰隔河相望，站在两峰上均可望见黄河。

神州第一瀑——黄果树瀑布

　　相传许多年以前，在黄果树瀑布的山坡上，住着一个种庄稼的老汉和他的妻子。老两口无儿无女，尽管两人都已经60多岁了，还一年到头地做活，从来没歇过一天，但日子过得还是很清苦。

■ 黄果树瀑布

倾泻而下的黄果树瀑布

秀丽的湖泊

从他们的爷爷的爷爷时候起，就听说瀑布下边的深潭里都是金银珠宝，那绚丽的彩虹便是潭底的金银珠宝放射出来的光芒。

俯首下望深潭，可以看到数不清的珍珠在水中翻滚，闪烁出诱人的珠光。传说有谁能得到打开深潭的钥匙，谁就能尽情取用潭底的宝贝。

有一年，老夫妻种的100棵黄果树，虽然棵棵开花，却只有一棵树结了一个果子。一天，来了一个商人，说这个果子是一个宝，愿出1000两银子买下这个黄果，并相约100天后再来摘取。

临行时，商人留下50两的银元宝作为定金，叮嘱他们不要把这件事对其他人讲，还交代要日夜轮班守候树下，不许人摸，不准鸟啄。

从此以后，老汉夫妻俩每天轮流着守在这棵黄果树下，就连晚上，他们的眼睛也不敢闭一下。

老汉因为那锭沉甸甸的50两的大元宝，忘记了疲劳，当他又想起"1000两"这个大数目时，总是取出那个元宝来抚摸一番。眼看着黄果越长越大，到第九十九天，黄果长得如同南瓜大小，又香又黄。

老夫妻俩由于连日的轮流守护，精疲力竭，再也支持不住了，于是，老两口提前一天把黄果摘下放到屋里藏了起来。

第二天，商人来了，得知树上的黄果已被提前一天摘下，有些吃惊，但既成事实，生气也没用，于是拿起了黄果和绳梯就往瀑布边跑，一会儿，商人跑到了瀑布边，两手捧起黄果朝潭中央一丢，神奇的事情发生了：上面轰隆隆流着的瀑布突然静止不流，下面的深潭也一下子干巴巴的，所有的水都消失不见了，顿时看见金银珠宝堆满了整个潭底。

商人放下那整整有100级的绳梯，不顾性命地顺着绳梯滑下去，他捡呀，装呀，直到再也拿不住了才往上爬。当他爬到第九十九级绳梯时，忽然天崩地裂一声巨响，瀑布奔腾飞泻，潭水涨满，贪心的商人被葬身潭底。

老汉见贪心的商人遭到惩罚，摇着头，叹了一口气，从怀里拿出那锭已被摸得发亮的银子，毫不犹豫地丢进深潭中，回头对妻子说："这不是我们庄稼人应得的东西，留着它是一点用处也没有。"从那

瀑布神韵

■ 喷云吐雾的黄果树瀑布

■ 黄果树瀑布

秀丽的湖泊

以后，老汉依然回去种庄稼，栽黄果。

瀑布脚下的深潭中依然堆满了金银珠宝，可是再也没有人能够找到打开它的钥匙了。而又因为只有黄果才能打开大瀑布的宝库，所以后来人们就叫它黄果树瀑布了。

古时候的黄果树瀑布称白水河瀑布，亦名"黄葛墅"瀑布或"黄桷树"瀑布，因当地广泛分布着"黄葛榕"而得名，历来被誉为华夏众瀑之首，并且被纳入"世界最壮观的瀑布"之列。

黄果树瀑布前的箱形峡谷，原来是一个落水溶洞，后来随着洞穴的发育、水流的侵蚀，致使洞顶坍落，而形成了瀑布。

它形成的时代，从2700万年—1000万年前的第三纪中新世开始，一直延续，经历了一个从地表到地下，再回到地表的循环演变过程。

黄果树瀑布早在明朝弘治年间的《贵州图经新志》中就有文字记载，之后在嘉靖年间的《贵州通志》《贵州山泉志》和《贵州名胜志》等均有记载。

1637年，著名的旅行家、地理学家徐霞客在游历贵州时，对黄果树瀑布进行了既生动又科学的描述。

徐霞客也是我国历史上对黄果树瀑布进行详尽记载的第一人，在他所写的游记中，对于黄果树瀑布是这样描述的：

> 盖余所见瀑布，高峻数倍者有之，而从无此阔而大者。旦从其上侧身下瞰，不免神悚……

黄果树瀑布群位于贵州黔中丘原的镇宁、关岭布依族苗族自治县境内，距贵阳约150千米。它是由20

苗族 我国五十六个民族之一。苗族历史悠久，在我国古代典籍中，早就有关于5000多年前苗族先民的记载，苗族先祖可追溯到原始社会时期活跃于中原地区的蚩尤部落。苗族有自己的语言，属汉藏语系苗瑶语族苗语支。

■ 奔腾而下的黄果树瀑布

秀丽的湖泊

■ 黄果树瀑布下的
清泉石流

关索岭 即因关索
而得名，在滇东
北的崇山峻岭中
有一座南北走向
的山脉，叫作关
索岭，属于乌蒙
山系的南延部分，
它将昆明市的寻
甸回族彝族自治
县与曲靖市的马
龙县东西切开。

多个风韵各异的大小瀑布组成，其中以黄果树大瀑布
最为优美壮观，故统称为黄果树瀑布群。

　　黄果树瀑布群也在世界上最大的喀斯特地区——
华南喀期特区的最中心部位。这里不仅在地表上广泛
出露大量可溶性的碳酸盐岩，而且在地下即垂向上的
分布也占很大比例，区域地质构造十分复杂。

　　黄果树瀑布群位于亚热带湿润季风气候的南边，
水热条件良好，形成了打帮河、清水河、濡陵河等诸
多河流，它们向下流经北招江，再汇入珠江。这些河
流对高原面的溶蚀侵蚀切割，加剧了高原地势的起
伏，形成了各种各样绚丽多姿的喀斯特地貌。由于河
流的袭夺或落水洞的坍塌等原因，形成了众多的瀑
布景观。

　　由于黄果树瀑布群的各瀑布各具特色，造型十分
优美，堪称世界上最典型、最壮观的喀斯特瀑布群，

而且在其周围还发育着许多喀斯特溶洞，洞内发育各种喀斯特洞穴地貌，形成著名的贵州地下世界。

黄果树附近有很多的名胜古迹，以"千古之谜"的红岩碑最为著名，此外还有相传是三国遗迹的关索岭、孔明堂、跑马泉、御书楼等。

天然盆景区也就是天星景区较大的一片天生桥上的石林。这里有大大小小的水盆和漫水坝以及一个个大大小小的天然山石、水石盆景。

弯弯曲曲的石板小道，穿行于石壁、石壕、石缝中，逶迤于盆景边石之上。沿小道游览，抬头是景，低头是景，前后左右处处皆成景，仿佛到了天上的仙境、地下的迷宫。

银链坠潭瀑布和星峡飞瀑也分别处在水上石林的左、右两侧。在黄果树瀑布群中，银链坠潭瀑布既不是以高取胜，也不是以大惊人，却是最动人心弦的。

■ 黄果树瀑布漫水坝

■ 漏斗形黄果树瀑布

白水河 白水河
是一条由玉龙雪
山融化的冰川雪
水汇成的河流，
沿着山谷层叠跌
跃而下，水清澈
墨绿，因河床由
沉积的石灰石碎
块组成，呈灰白
色，清泉流过，
远看就像一条白
色的河，因此而
得名。据说白水
河的水来自玉龙
之口，带有灵
性，还是一处爱
情圣地。

　　而从冒水潭跃出地面的白水河，似蛟龙般翻滚，一路冲树击石奋勇向前，却突然遇到了一个巨大的消水洞，巨大的水流以万马归槽之势，争先恐后地坠入溶潭，永远地消失在地下。

　　瀑布上面呈漏斗形，底部是槽状溶潭。在潭沿面上隆起的石包，像一张张向下的莲叶，交错搭连，河水在每一张叶面上均匀铺开，纵情漫流，像千万条大大小小的银链，向中心收缩，有时沉于地下，有时又冲向大川。

　　水的结尾处是一个叫珍珠泉的地方，白水河从这里潜入地下，平软的水波滑过整石，在岩石表面滚成一颗颗晶莹的珍珠。

　　关脚峡在黄果树下游打邦河上，与黄果树瀑布相距40多千米。山势在此陡然升高，峭壁对出，直插云霄，地势强烈深切700余米，河水骤然跌落，形成总落差达120米的三级瀑布。关脚峡瀑布是黄果树瀑布群中水量最大的瀑布。

而红崖天书是在距黄果树瀑布约7千米的红崖山的半山上，有一块巨大的浅红色绝壁，壁长100米，高达30多米，红崖山的石壁上有20多处深红色的形似古文的符号，似篆非篆，若隶非隶，非镌非刻，横不成列，竖不成行，大者如斗，小者如升，都透出了一种古朴苍劲的韵味。

在山峦的一片绿色中，格外耀眼夺目，好似镶嵌在碧绿地毯中的红宝石。这就是红崖天书。

自明代嘉靖年间起，许多文人雅士曾来此地吟诗作赋，对它进行研究，先后有拓本、摹本、缩刻本等问世，并被收入全国性的碑刻著录。

碑刻 在词义二可以理解为，刻在碑上的文字或图画。一般理解为用书法体刻在碑石上的书法。也泛指刻石文字或图案。将书写好的墨迹复写于平整的石板、石壁或木板上，然后镌刻而成。

■ 气势磅礴的黄果树瀑布

■ 贵州黄果树瀑布
水帘洞

秀丽的湖泊

诸葛亮（181年
~234年），字孔
明，号卧龙，也
叫伏龙，三国时
期蜀汉丞相，杰
出的政治家、军
事家、散文家、发
明家、书法家。
其散文代表作有
《出师表》《诫子
书》等。曾发明
木牛流马、孔
明灯等，并改造
连弩，可一弩十
矢俱发。诸葛亮
在后世受到极大
尊崇，成为后世
忠臣楷模，智慧
化身。

关于崖壁上符号的释义，众说纷纭，但都百思不得其解，一直是一个谜。

对红崖天书由来，有3种代表性的说法：一说是三国时诸葛亮南征时留下的遗迹，故又有名"诸葛碑"；二说是殷高宗伐鬼方时的纪功碑；三说是蜀汉时爨族首领济火协助诸葛亮南征有功，此碑就是用古爨族文字书写的济火"纪功碑"。

红崖天书壮观奇丽，扑朔迷离，期待着人们去探索、去解开这个谜。

黄果树瀑布能从后面观赏它。由于是喀斯特地形，黄果树瀑布后面山体，有一个天然溶洞贯通两岸，又有几个天然的豁口能看到瀑布。

游人可以穿行瀑布后面的山洞，从这岸走到那岸。这是黄果树瀑布特有的奇观。

在黄果树瀑布40—47米的高度上，有一个水帘洞，全长134米，有6个洞窗、5个洞厅、3股洞泉和6个通道。

走进大瀑布本身就已经惊心动魄了，而要在大瀑布里面穿行，的确会感到有些害怕，但如果到了黄果树瀑布，而不进水帘洞，就不会真正领略到黄果树瀑布的雄伟和壮观。

溶洞曲曲弯弯，高低不平，洞内除个别地方外，高度完全可以直立行走，宽度也可以两人并行。洞穴有浸水滴下，所以脚下也是湿漉漉的，洞内凉爽，要是夏天，待在里面就不想走了。

特别有趣的是，由于洞穴靠近水面，溶洞有好几处豁口，与外面贯通了，就像开了天窗一般。站在豁口处，可以看到瀑布如水帘一样挂在眼前，可以最近距离地听到瀑布的隆隆声，走近两步，就可以伸手触

九天飞流

瀑布神韵

鬼方 是夏商时居于我国北方的少数民族，在周时，从西北方进攻过华夏。虽然鬼方进行过迁逃，但这个民族前后给了中国多次重大打击。春秋时，称这部分人为赤狄。其后，又以丁零的名字出现在史籍中。

■ 黄果树瀑布水帘洞近景

黄果树瀑布的水帘洞

对联 又称"楹联"或"对子",是写在纸、布上或刻在竹子、木头、柱子上的对偶语句,对仗工整,平仄协调,是一字一音的中文语言独特的艺术形式。对联相传起于五代后蜀主孟昶。它是中华民族的文化瑰宝,春节时挂的对联叫春联,办丧事的对联叫作挽联。

摸到瀑布的水流,任凭水花溅在身上,隔着水帘,还可依稀看到左岸上的一片房屋。这里特殊的气候环境,时常有彩虹卧在空中,犹如锦上添花。

穿越水帘洞,还有一个绝妙奇景,从各个洞窗中可以观赏到犀牛潭上的彩虹,这里的彩虹不仅是七彩俱全的双道,而且是动态的,只要晴天,从上午至下午5时,都能看到,并随着你的走动而变化和移动。

前人有写:"天空之虹以苍天作衬,犀牛潭之虹以雪白之瀑布衬之。"所以后来被人们叫作了"雪映川霞"。

犀牛潭还有一个传说。古时候,有个骑着犀牛的仙人从西往东去。长途跋涉后,犀牛非常累。在经过创村水潭的时候,仙人看到水潭碧绿,四面环树,瀑布飞落,风光旖旎,别是一番滋味。

心中念着犀牛辛苦，仙人便让犀牛停下休息。犀牛缓缓沉下，其中3只蹄子分别落在两块不同的石块上，于是，3个犀牛蹄印便深深地烙在石头上，3个蹄印深浅不一，从20厘米到30厘米不等的深度。

犀牛潭潭水深11.1米，满潭为瀑布所溅的无数水珠所覆盖。峡谷两侧壁立苍翠，各类喜水植物枝繁叶茂，其间的望水厅、观瀑亭、茶楼、铁索桥、缆车等建筑物以及片片竹林，同大瀑布一起构成了一幅大自然的立体山水画。

犀牛潭还有另一个传说，吴三桂在打仗的时候曾经兵败路过犀牛潭，把大批珠宝珍品沉在了犀牛潭中。但这深不见底的潭中究竟有没有珍宝，却谁也说不清。

黄果树瀑布的河水从断崖顶端凌空飞流而下，瀑布对岸高崖上的观瀑亭上有副对联，就是黄果树瀑布的真实写照，对联道：

白水如棉不用弓弹花自散，

丹霞似锦何须梭织天生成。

■ 黄果树瀑布

■ 黄果树瀑布远景

黄果树瀑布的形态因季节而有变化，冬天水小时，它妩媚秀丽，轻轻下泻；到了夏秋，水量大增，那撼天动地的磅礴气势，简直令人惊心动魄。有时瀑布激起的雪沫烟雾，高达数百米，漫天浮游，竟使周围经常处于纷飞的细雨之中。

黄果树瀑布激起的水花，如雨雾般腾空而上，随风飘飞，漫天浮游，高达数百米，落在瀑布右侧的黄果树小镇上，特别是艳阳高照之日，水雾蒙蒙，映出金色的光来，似真似幻，那街道似乎是金色大街，形成了远近闻名的"银雨洒金街"的奇景。

黄果树瀑布是唯一可以从上下、前后、左右观看的瀑布，大地理学家徐霞客对瀑布有经典的描绘：

捣珠崩玉，飞沫反涌，如烟雾腾空。珠帘钩不卷，匹练挂遥峰。

　　清代文人严遂成曾写下《白水岩瀑布》一诗，形象地描绘了当时瀑布的磅礴气势，壮丽景观：

　　万里水汇一本大，訇訇声闻十里外。
　　岩口逼仄势更凶，夺门而出悬白龙。
　　龙须带雨浴日红，金光玉色相荡春。
　　雪净鲛绡落刀尺，大珠小珠飘随风。
　　风折叠之绘变相，三降三升石不让。

　　近百米宽、77米高的瀑布汹涌澎湃，飞流直击深

■ 黄果树瀑布下端急的河水

潭，虽然离瀑布还有段距离，但飞溅的水珠和雾气有几十米高，扑面洒落在人的头上、身上。

洞中也有五彩霓虹灯光，不时还有小的洞口，能窥到外面白色的水幕，洞顶有时水流如注，有时淋淋沥沥。洞里很凉爽，走在洞里是一种享受，还有几分惊奇、几分神秘。

黄果树瀑布融瀑布、溶洞、石林、石峰、峡谷等自然景观与神秘莫测的文物古迹、绚丽多彩的民族风情等人文景观于一体。

黄果树瀑布以其雄奇壮阔的大瀑布、连环密布的瀑布群而闻名于世，十分壮丽，并享有"中华第一瀑"之盛誉。

阅读链接

黄果树瀑布有一个传说：有一对老夫妇，两个老人都十分想要个孩子。他们年轻的时候，挖了一棵黄果树苗栽在房后。可是这么多年过去，只是年年开花，不结果。

这年初秋的一天夜里，老奶奶迷迷糊糊地睡着了。朦胧中，一道白光从小竹窗飞进草屋，变成了一个白胡子老神仙，笑眯眯地说："你家房后的黄果树，今年结了一个黄果。这个黄果还要养足100天，你吃了后，明年就会有个聪明的儿郎了。"白胡子神仙说完就不见了。

两个老人马上去看，果然，黄果树高枝上有一个果子。老者每天晚上通宵坐在黄果树下看守，老奶奶则白天看守。终于守到最后一夜，等天一明就可以上树摘黄果给老奶奶吃了。

天近拂晓，突然刮来一阵冷风。随风飞来一只鹞子，朝黄果树果扑来。老者抓了一块石头，顺势朝鹞子掷去。鹞子飞过树梢，飞到了白水河上。老者捡起一块石头，狠狠地朝鹞子甩去。那石头正击中鹞子的肚腹。它的双爪一松，黄果直直地向白水河中心落了下来。

"轰隆"一声，石破天惊，黄果把白水河砸断了，下半截河水陷落几十丈。黄果树瀑布就这样形成了。